T&P BOOKS

CHINÊS

VOCABULÁRIO

PORTUGUÊS BRASILEIRO

PORTUGUÊS CHINÊS

Para alargar o seu léxico e apurar
as suas competências linguísticas

7000 palavras

Vocabulário Português Brasileiro-Chinês - 7000 palavras

Por Andrey Taranov

Os vocabulários da T&P Books destinam-se a ajudar a aprender, a memorizar, e a rever palavras estrangeiras. O dicionário é dividido em temas, cobrindo todas as principais esferas de atividades quotidianas, negócios, ciência, cultura, etc.

O processo de aprendizagem, utilizando os dicionários baseados em temáticas da T&P Books dá-lhe as seguintes vantagens:

- Informação de origem corretamente agrupada predetermina o sucesso em fases subsequentes da memorização de palavras
- Disponibilização de palavras derivadas da mesma raiz, o que permite a memorização de unidades de texto (em vez de palavras separadas)
- Pequenas unidades de palavras facilitam o processo de estabelecimento de vínculos associativos necessários para a consolidação do vocabulário
- O nível de conhecimento da língua pode ser estimado pelo número de palavras aprendidas

T&P Books Publishing
www.tpbooks.com

ISBN: 978-1-78767-331-1

Este livro também está disponível em formato E-book.
Por favor visite www.tpbooks.com ou as principais livrarias on-line.

VOCABULÁRIO CHINÊS
palavras mais úteis

Os vocabulários da T&P Books destinam-se a ajudar a aprender, a memorizar, e a rever palavras estrangeiras. O vocabulário contém mais de 7000 palavras de uso comum organizadas tematicamente.

O vocabulário contém as palavras mais comummente usadas

Recomendado como adicional para qualquer curso de línguas

Satisfaz as necessidades dos iniciados e dos alunos avançados de línguas estrangeiras

Conveniente para o uso diário, sessões de revisão e atividades de auto-teste

Permite avaliar o seu vocabulário

Características especias do vocabulário

- As palavras estão organizadas de acordo com o seu significado, e não por ordem alfabética
- As palavras são apresentadas em três colunas para facilitar os processos de revisão e auto-teste
- As palavras compostas são divididas em pequenos blocos para facilitar o processo de aprendizagem
- O vocabulário oferece uma transcrição simples e adequada de cada palavra estrangeira

O vocabulário contém 198 tópicos incluindo:

Conceitos básicos, Números, Cores, Meses, Estações do ano, Unidades de medida, Roupas & Acessórios, Alimentos & Nutrição, Restaurante, Membros da Família, Parentes, Caráter, Sentimentos, Emoções, Doenças, Cidade, Passeios, Compras, Dinheiro, Casa, Lar, Escritório, Trabalho no Escritório, Importação & Exportação, Marketing, Pesquisa de Emprego, Esportes, Educação, Computador, Internet, Ferramentas, Natureza, Países, Nacionalidades e muito mais ...

TABELA DE CONTEÚDOS

GUIA DE PRONUNCIAÇÃO

Letra	Exemplo Chinês	Alfabeto fonético T&P	Exemplo Português
a	tóufa	[a]	chamar
ai	hǎi	[aɪ]	cereais
an	bèipàn	[an]	anular
ang	pǐncháng	[ɑ̃]	jantar
ao	gǎnmào	[aʊ]	produção
b	Bànfǎ	[p]	presente
c	cǎo	[tsh]	[ts] aspirado
ch	chē	[ʈʂh]	[tsch] aspirado
d	dǐdá	[t]	tulipa
e	dēngjì	[ɛ]	mesquita
ei	běihǎi	[eɪ]	seis
en	xúnwèn	[ə]	milagre
eng	bēngkuì	[ə̃]	entusiasmo
er	érzi	[ɛr]	querer
f	fǎyuàn	[f]	safári
g	gōnglù	[k]	aquilo
h	hǎitún	[h]	[h] aspirada
i	fēijī	[iː]	cair
ia	jiā	[jɑ]	Himalaias
ian	kànjiàn	[jʌn]	pianista
ie	jiéyuē	[je]	folheto
in	cónglín	[iːn]	canino
j	jǐqì	[tɕ]	tchetcheno
k	kuàilè	[kh]	[k] aspirada
l	lúnzi	[l]	libra
m	hémǎ	[m]	magnólia
n	nǐ hǎo	[n]	natureza
o	yǐbō	[ɔ]	emboço
ong	chénggōng	[ʊ̃]	conjunto
ou	běiměizhōu	[ɔʊ]	chow-chow
p	pào	[ph]	[p] aspirada
q	qiáo	[tʃ]	Tchim-tchim!
r	rè	[ʒ]	talvez
s	sàipǎo	[s]	sanita
sh	shāsǐ	[ʃ]	mês
t	tūrán	[th]	[t] aspirada
u	dáfù	[u], [ʊ]	bonita
ua	chuán	[ua]	qualidade
un	yúchǔn	[uːn], [ʊn]	boneca
ü	lǚxíng	[y]	questionar
ün	shēnyùn	[jun]	nacional

Letra	Exemplo Chinês	Alfabeto fonético T&P	Exemplo Português
uo	zuòwèi	[uɔ]	álcool
w	wùzhì	[w]	página web
x	xiǎo	[ɕ]	shiatsu
z	zérèn	[ts]	tsé-tsé
zh	zhǎo	[dʒ]	adjetivo

Comentários

Primeiro tom (alto, contínuo) No primeiro tom, o tom de voz permanece constante e ligeiramente alto ao longo da sílaba. Exemplo: mā Segundo tom (crescendo) No segundo tom, o tom de voz aumenta ligeiramente enquanto pronuncia a sílaba. Exemplo: má Terceiro tom (caindo-crescendo) No terceiro tom, o tom de voz baixa, e depois volta a subir na mesma sílaba. Exemplo: mǎ Quarto tom (caindo) No quarto tom, o tom de voz desce abruptamente durante a sílaba. Exemplo: mà Quinto tom (tom neutro) No tom neutro o tom da voz depende da palavra que se está a dizer, mas normalmente é dito mais breve e mais suave que as outras sílabas. Exemplo: ma

ABREVIATURAS
usadas no vocabulário

Abreviaturas do Português

adj	-	adjetivo
adv	-	advérbio
anim.	-	animado
conj.	-	conjunção
desp.	-	esporte
etc.	-	Etcetera
ex.	-	por exemplo
f	-	nome feminino
f pl	-	feminino plural
fem.	-	feminino
inanim.	-	inanimado
m	-	nome masculino
m pl	-	masculino plural
m, f	-	masculino, feminino
masc.	-	masculino
mat.	-	matemática
mil.	-	militar
pl	-	plural
prep.	-	preposição
pron.	-	pronome
sb.	-	sobre
sing.	-	singular
v aux	-	verbo auxiliar
vi	-	verbo intransitivo
vi, vt	-	verbo intransitivo, transitivo
vr	-	verbo reflexivo
vt	-	verbo transitivo

CONCEITOS BÁSICOS

Conceitos básicos. Parte 1

1. Pronomes

eu	我	wǒ
você	你	nǐ
ele	他	tā
ela	她	tā
ele, ela (neutro)	它	tā
nós	我们	wǒ men
vocês	你们	nǐ men
eles	他们	tā men
elas	她们	tā men

2. Cumprimentos. Saudações. Despedidas

Oi!	你好！	nǐ hǎo!
Olá!	你们好！	nǐmen hǎo!
Bom dia!	早上好！	zǎo shàng hǎo!
Boa tarde!	午安！	wǔ ān!
Boa noite!	晚上好！	wǎn shàng hǎo!
cumprimentar (vt)	问好	wèn hǎo
Oi!	你好！	nǐ hǎo!
saudação (f)	问候	wèn hòu
saudar (vt)	欢迎	huān yíng
Tudo bem?	你好吗？	nǐ hǎo ma?
E aí, novidades?	有 什么 新 消息？	yǒu shénme xīn xiāoxi?
Tchau! Até logo!	再见！	zài jiàn!
Até breve!	回头见！	huí tóu jiàn!
Adeus!	再见！	zài jiàn!
despedir-se (dizer adeus)	说再见	shuō zài jiàn
Até mais!	回头见！	huí tóu jiàn!
Obrigado! -a!	谢谢！	xièxie!
Muito obrigado! -a!	多谢！	duō xiè!
De nada	不客气	bù kè qi
Não tem de quê	不用谢谢！	bùyòng xièxie!
Não foi nada!	没什么	méi shén me
Desculpa! -pe!	请原谅	qǐng yuán liàng
desculpar-se (vr)	道歉	dào qiàn

Me desculpe	我道歉	wǒ dào qiàn
Desculpe!	对不起!	duì bu qǐ!
perdoar (vt)	原谅	yuán liàng
por favor	请	qǐng

Não se esqueça!	别忘了!	bié wàng le!
Com certeza!	当然!	dāng rán!
Claro que não!	当然不是!	dāng rán bù shi!
Está bem! De acordo!	同意!	tóng yì!
Chega!	够了!	gòu le!

3. Números cardinais. Parte 1

zero	零	líng
um	一	yī
dois	二	èr
três	三	sān
quatro	四	sì

cinco	五	wǔ
seis	六	liù
sete	七	qī
oito	八	bā
nove	九	jiǔ

dez	十	shí
onze	十一	shí yī
doze	十二	shí èr
treze	十三	shí sān
catorze	十四	shí sì

quinze	十五	shí wǔ
dezesseis	十六	shí liù
dezessete	十七	shí qī
dezoito	十八	shí bā
dezenove	十九	shí jiǔ

vinte	二十	èrshí
vinte e um	二十一	èrshí yī
vinte e dois	二十二	èrshí èr
vinte e três	二十三	èrshí sān

trinta	三十	sānshí
trinta e um	三十一	sānshí yī
trinta e dois	三十二	sānshí èr
trinta e três	三十三	sānshí sān

quarenta	四十	sìshí
quarenta e um	四十一	sìshí yī
quarenta e dois	四十二	sìshí èr
quarenta e três	四十三	sìshí sān

| cinquenta | 五十 | wǔshí |
| cinquenta e um | 五十一 | wǔshí yī |

cinquenta e dois	五十二	wǔshí èr
cinquenta e três	五十三	wǔshí sān
sessenta	六十	liùshí
sessenta e um	六十一	liùshí yī
sessenta e dois	六十二	liùshí èr
sessenta e três	六十三	liùshí sān
setenta	七十	qīshí
setenta e um	七十一	qīshí yī
setenta e dois	七十二	qīshí èr
setenta e três	七十三	qīshí sān
oitenta	八十	bāshí
oitenta e um	八十一	bāshí yī
oitenta e dois	八十二	bāshí èr
oitenta e três	八十三	bāshí sān
noventa	九十	jiǔshí
noventa e um	九十一	jiǔshí yī
noventa e dois	九十二	jiǔshí èr
noventa e três	九十三	jiǔshí sān

4. Números cardinais. Parte 2

cem	一百	yī bǎi
duzentos	两百	liǎng bǎi
trezentos	三百	sān bǎi
quatrocentos	四百	sì bǎi
quinhentos	五百	wǔ bǎi
seiscentos	六百	liù bǎi
setecentos	七百	qī bǎi
oitocentos	八百	bā bǎi
novecentos	九百	jiǔ bǎi
mil	一千	yī qiān
dois mil	两千	liǎng qiān
três mil	三千	sān qiān
dez mil	一万	yī wàn
cem mil	十万	shí wàn
um milhão	百万	bǎi wàn
um bilhão	十亿	shíyì

5. Números. Frações

fração (f)	分数	fēnshù
um meio	二分之一	èrfēn zhīyī
um terço	三分之一	sānfēn zhīyī
um quarto	四分之一	sìfēn zhīyī
um oitavo	八分之一	bāfēn zhīyī
um décimo	十分之一	shífēn zhīyī

| dois terços | 三分之二 | sānfēn zhǐèr |
| três quartos | 四分之三 | sìfēn zhǐsān |

6. Números. Operações básicas

subtração (f)	减法	jiǎn fǎ
subtrair (vi, vt)	减，减去	jiǎn, jiǎn qù
divisão (f)	除法	chú fǎ
dividir (vt)	除	chú

adição (f)	加法	jiā fǎ
somar (vt)	加	jiā
adicionar (vt)	加	jiā
multiplicação (f)	乘法	chéng fǎ
multiplicar (vt)	乘	chéng

7. Números. Diversos

algarismo, dígito (m)	数字	shù zì
número (m)	数	shù
numeral (m)	数词	shù cí
menos (m)	负号	fù hào
mais (m)	正号	zhèng hào
fórmula (f)	公式	gōng shì

cálculo (m)	计算	jì suàn
contar (vt)	计算	jì suàn
calcular (vt)	结算	jié suàn
comparar (vt)	比较	bǐ jiào

Quanto, -os, -as?	多少？	duōshao?
soma (f)	和	hé
resultado (m)	结果	jié guǒ
resto (m)	余数	yú shù

alguns, algumas ...	几个	jǐ gè
pouco (~ tempo)	不多	bù duō
resto (m)	剩下的	shèng xià de
um e meio	一个半	yī gè bàn
dúzia (f)	一打	yī dá

ao meio	成两半	chéng liǎng bàn
em partes iguais	平均地	píng jūn de
metade (f)	一半	yī bàn
vez (f)	次	cì

8. Os verbos mais importantes. Parte 1

| abrir (vt) | 开 | kāi |
| acabar, terminar (vt) | 结束 | jié shù |

aconselhar (vt)	建议	jià nyì
adivinhar (vt)	猜中	cāi zhòng
advertir (vt)	警告	jǐng gào

ajudar (vt)	帮助	bāng zhù
almoçar (vi)	吃午饭	chī wǔ fàn
alugar (~ um apartamento)	租房	zū fáng
amar (pessoa)	爱	ài
ameaçar (vt)	威胁	wēi xié

anotar (escrever)	记录	jì lù
apressar-se (vr)	赶紧	gǎn jǐn
arrepender-se (vr)	后悔	hòu huǐ
assinar (vt)	签名	qiān míng
brincar (vi)	开玩笑	kāi wán xiào

brincar, jogar (vi, vt)	玩	wán
buscar (vt)	寻找	xún zhǎo
caçar (vi)	打猎	dǎ liè
cair (vi)	跌倒	diē dǎo
cavar (vt)	挖	wā
chamar (~ por socorro)	呼	hū

chegar (vi)	来到	lái dào
chorar (vi)	哭	kū
começar (vt)	开始	kāi shǐ
comparar (vt)	比较	bǐ jiào
concordar (dizer "sim")	同意	tóng yì

confiar (vt)	信任	xìn rèn
confundir (equivocar-se)	混淆	hùn xiáo
conhecer (vt)	认识	rèn shi
contar (fazer contas)	计算	jì suàn
contar com ...	指望	zhǐ wàng
continuar (vt)	继续	jì xù

controlar (vt)	控制	kòng zhì
convidar (vt)	邀请	yāo qǐng
correr (vi)	跑	pǎo
criar (vt)	创造	chuàng zào
custar (vt)	价钱为	jià qian wèi

9. Os verbos mais importantes. Parte 2

dar (vt)	给	gěi
dar uma dica	暗示	àn shì
decorar (enfeitar)	装饰	zhuāng shì
defender (vt)	保卫	bǎo wèi
deixar cair (vt)	掉	diào

descer (para baixo)	下来	xià lai
desculpar-se (vr)	道歉	dào qiàn
dirigir (~ uma empresa)	管理	guǎn lǐ
discutir (notícias, etc.)	讨论	tǎo lùn

disparar, atirar (vi)	射击	shè jī
dizer (vt)	说	shuō
duvidar (vt)	怀疑	huái yí
encontrar (achar)	找到	zhǎo dào
enganar (vt)	骗	piàn
entender (vt)	明白	míng bai
entrar (na sala, etc.)	进来	jìn lái
enviar (uma carta)	寄	jì
errar (enganar-se)	犯错	fàn cuò
escolher (vt)	选	xuǎn
esconder (vt)	藏	cáng
escrever (vt)	写	xiě
esperar (aguardar)	等	děng
esperar (ter esperança)	希望	xī wàng
esquecer (vt)	忘	wàng
estudar (vt)	学习	xué xí
exigir (vt)	要求	yāo qiú
existir (vi)	存在	cún zài
explicar (vt)	说明	shuō míng
falar (vi)	说	shuō
faltar (a la escuela, etc.)	错过	cuò guò
fazer (vt)	做	zuò
ficar em silêncio	沉默	chén mò
gabar-se (vr)	自夸	zì kuā
gostar (apreciar)	喜欢	xǐ huan
gritar (vi)	叫喊	jiào hǎn
guardar (fotos, etc.)	保存	bǎo cún
informar (vt)	通知	tōng zhī
insistir (vi)	坚持	jiān chí
insultar (vt)	侮辱	wǔ rǔ
interessar-se (vr)	对 … 感兴趣	duì … gǎn xìng qù
ir (a pé)	走	zǒu
ir nadar	去游泳	qù yóu yǒng
jantar (vi)	吃晚饭	chī wǎn fàn

10. Os verbos mais importantes. Parte 3

ler (vt)	读	dú
libertar, liberar (vt)	解放	jiě fàng
matar (vt)	杀死	shā sǐ
mencionar (vt)	提到	tí dào
mostrar (vt)	展示	zhǎn shì
mudar (modificar)	改变	gǎi biàn
nadar (vi)	游泳	yóuyǒng
negar-se a … (vr)	拒绝	jù jué
objetar (vt)	反对	fǎn duì
observar (vt)	观察	guān chá

ordenar (mil.)	命令	mìng lìng
ouvir (vt)	听见	tīng jiàn
pagar (vt)	付，支付	fù, zhī fù
parar (vi)	停	tíng
parar, cessar (vt)	停止	tíng zhǐ
participar (vi)	参与	cān yù
pedir (comida, etc.)	订	dìng
pedir (um favor, etc.)	请求	qǐng qiú
pegar (tomar)	拿	ná
pegar (uma bola)	抓住	zhuā zhù
pensar (vi, vt)	想	xiǎng
perceber (ver)	注意到	zhù yì dào
perdoar (vt)	原谅	yuán liàng
perguntar (vt)	问	wèn
permitir (vt)	允许	yǔn xǔ
pertencer a ... (vi)	属于	shǔ yú
planejar (vt)	计划	jì huà
poder (~ fazer algo)	能	néng
possuir (uma casa, etc.)	拥有	yǒng yǒu
preferir (vt)	宁愿	nìng yuàn
preparar (vt)	做饭	zuò fàn
prever (vt)	预见	yù jiàn
prometer (vt)	承诺	chéng nuò
pronunciar (vt)	发音	fā yīn
propor (vt)	提议	tí yì
punir (castigar)	惩罚	chéng fá
quebrar (vt)	打破	dǎ pò
queixar-se de ...	抱怨	bào yuàn
querer (desejar)	想，想要	xiǎng, xiǎng yào

11. Os verbos mais importantes. Parte 4

ralhar, repreender (vt)	责骂	zé mà
recomendar (vt)	推荐	tuī jiàn
repetir (dizer outra vez)	重复	chóng fù
reservar (~ um quarto)	预订	yù dìng
responder (vt)	回答	huí dá
rezar, orar (vi)	祈祷	qí dǎo
rir (vi)	笑	xiào
roubar (vt)	偷窃	tōu qiè
saber (vt)	知道	zhī dào
sair (~ de casa)	走出去	zǒu chū qù
salvar (resgatar)	救出	jiù chū
seguir (~ alguém)	跟随	gēn suí
sentar-se (vr)	坐下	zuò xia
ser necessário	需要	xū yào
ser, estar	当	dāng

significar (vt)	表示	biǎo shì
sorrir (vi)	微笑	wēi xiào
subestimar (vt)	轻视	qīng shì
surpreender-se (vr)	吃惊	chī jīng
tentar (~ fazer)	试图	shì tú
ter (vt)	有	yǒu
ter fome	饿	è
ter medo	害怕	hài pà
ter sede	渴	kě
tocar (com as mãos)	摸	mō
tomar café da manhã	吃早饭	chī zǎo fàn
trabalhar (vi)	工作	gōng zuò
traduzir (vt)	翻译	fān yì
unir (vt)	联合	lián hé
vender (vt)	卖	mài
ver (vt)	见，看见	jiàn, kàn jiàn
virar (~ para a direita)	转弯	zhuǎn wān
voar (vi)	飞	fēi

12. Cores

cor (f)	颜色	yán sè
tom (m)	色调	sè diào
tonalidade (m)	色调	sè diào
arco-íris (m)	彩虹	cǎi hóng
branco (adj)	白的	bái de
preto (adj)	黑色的	hēi sè de
cinza (adj)	灰色的	huī sè de
verde (adj)	绿色的	lǜ sè de
amarelo (adj)	黄色的	huáng sè de
vermelho (adj)	红色的	hóng sè de
azul (adj)	蓝色的	lán sè
azul claro (adj)	天蓝色的	tiānlán sè
rosa (adj)	粉红色的	fěnhóng sè
laranja (adj)	橙色的	chéng sè de
violeta (adj)	紫色的	zǐ sè de
marrom (adj)	棕色的	zōng sè de
dourado (adj)	金色的	jīn sè de
prateado (adj)	银白色的	yín bái sè de
bege (adj)	浅棕色的	qiǎn zōng sè de
creme (adj)	奶油色的	nǎi yóu sè de
turquesa (adj)	青绿色的	qīng lǜ sè de
vermelho cereja (adj)	樱桃色的	yīng táo sè de
lilás (adj)	淡紫色的	dànzǐ sè de
carmim (adj)	深红色的	shēn hóng sè de
claro (adj)	淡色的	dàn sè de

escuro (adj)	深色的	shēn sè de
vivo (adj)	鲜艳的	xiān yàn de
de cor	有色的	yǒu sè de
a cores	彩色的	cǎi sè de
preto e branco (adj)	黑白色的	hēi bái sè de
unicolor (de uma só cor)	单色的	dān sè de
multicolor (adj)	杂色的	zá sè de

13. Questões

Quem?	谁?	shéi?
O que?	什么?	shén me?
Onde?	在哪儿?	zài nǎr?
Para onde?	到哪儿?	dào nǎr?
De onde?	从哪儿来?	cóng nǎr lái?
Quando?	什么时候?	shénme shíhou?
Para quê?	为了什么目的?	wèile shénme mùdì?
Por quê?	为什么?	wèi shénme?
Para quê?	为了什么目的?	wèile shénme mùdì?
Como?	如何?	rú hé?
Qual (~ deles?)	哪个?	nǎ ge?
A quem?	给谁?	gěi shéi?
De quem?	关于谁?	guān yú shéi?
Do quê?	关于什么?	guān yú shénme?
Com quem?	跟谁?	gēns héi?
Quanto, -os, -as?	多少?	duōshao?
De quem (~ é isto?)	谁的?	shéi de?

14. Palavras funcionais. Advérbios. Parte 1

Onde?	在哪儿?	zài nǎr?
aqui	在这儿	zài zhèr
lá, ali	那儿	nàr
em algum lugar	某处	mǒu chù
em lugar nenhum	无处	wú chù
perto de ...	在 ··· 旁边	zài ... páng biān
perto da janela	在窗户旁边	zài chuānghu páng biān
Para onde?	到哪儿?	dào nǎr?
aqui	到这儿	dào zhèr
para lá	往那边	wǎng nà bian
daqui	从这里	cóng zhè lǐ
de lá, dali	从那里	cóng nà lǐ
perto	附近	fù jìn
longe	远	yuǎn

perto de …	在 … 附近	zài … fù jìn
à mão, perto	在附近，在近处	zài fù jìn, zài jìn chù
não fica longe	不远	bù yuǎn

esquerdo (adj)	左边的	zuǒ bian de
à esquerda	在左边	zài zuǒ bian
para a esquerda	往左	wàng zuǒ

direito (adj)	右边的	yòu bian de
à direita	在右边	zài yòu bian
para a direita	往右	wàng yòu

em frente	在前面	zài qián miàn
da frente	前 … ，前面的	qián …, qián miàn de
adiante (para a frente)	先走	xiān zǒu

atrás de …	在后面	zài hòu miàn
de trás	从后面	cóng hòu miàn
para trás	往后	wàng hòu

| meio (m), metade (f) | 中间 | zhōng jiān |
| no meio | 在中间 | zài zhōng jiān |

do lado	在一边	zài yī biān
em todo lugar	到处	dào chù
por todos os lados	周围	zhōu wéi

de dentro	从里面	cóng lǐ miàn
para algum lugar	往某处	wàng mǒu chù
diretamente	径直地	jìng zhí de
de volta	往后	wàng hòu

| de algum lugar | 从任何地方 | cóng rèn hé de fāng |
| de algum lugar | 从某处 | cóng mǒu chù |

em primeiro lugar	第一	dì yī
em segundo lugar	第二	dì èr
em terceiro lugar	第三	dì sān

de repente	忽然	hū rán
no início	最初	zuì chū
pela primeira vez	初次	chū cì
muito antes de …	… 之前很久	… zhī qián hěn jiǔ
de novo	重新	chóng xīn
para sempre	永远	yǒng yuǎn

nunca	从未	cóng wèi
de novo	再	zài
agora	目前	mù qián
frequentemente	经常	jīng cháng
então	当时	dāng shí
urgentemente	紧急地	jǐn jí de
normalmente	通常	tōng cháng

| a propósito, … | 顺便 | shùn biàn |
| é possível | 可能 | kě néng |

provavelmente	大概	dà gài
talvez	可能	kě néng
além disso, …	再说 …	zài shuō …
por isso …	所以 …	suǒ yǐ …
apesar de …	尽管 …	jǐn guǎn …
graças a …	由于 …	yóu yú …
que (pron.)	什么	shén me
algo	某物	mǒu wù
alguma coisa	任何事	rèn hé shì
nada	毫不，决不	háo bù, jué bù
quem	谁	shéi
alguém (~ que …)	有人	yǒu rén
alguém (com ~)	某人	mǒu rén
ninguém	无人	wú rén
para lugar nenhum	哪里都不	nǎ lǐ dōu bù
de ninguém	无人的	wú rén de
de alguém	某人的	mǒu rén de
tão	这么	zhè me
também (gostaria ~ de …)	也	yě
também (~ eu)	也	yě

15. Palavras funcionais. Advérbios. Parte 2

Por quê?	为什么?	wèi shénme?
por alguma razão	由于某种原因	yóu yú mǒu zhǒng yuán yīn
porque …	因为 …	yīn wèi …
por qualquer razão	不知为什么	bùzhī wèi shénme
e (tu ~ eu)	和	hé
ou (ser ~ não ser)	或者，还是	huò zhě, hái shì
mas (porém)	但	dàn
para (~ a minha mãe)	为	wèi
muito, demais	太	tài
só, somente	只	zhǐ
exatamente	精确地	jīng què de
cerca de (~ 10 kg)	大约	dà yuē
aproximadamente	大概	dà gài
aproximado (adj)	大概的	dà gài de
quase	差不多	chà bu duō
resto (m)	剩下的	shèng xià de
cada (adj)	每个的	měi gè de
qualquer (adj)	任何	rèn hé
muito, muitos, muitas	许多	xǔ duō
muitas pessoas	很多人	hěn duō rén
todos	都	dōu
em troca de …	作为交换	zuò wéi jiāo huàn
em troca	作为交换	zuò wéi jiāo huàn

à mão	手工	shǒu gōng
pouco provável	几乎不	jī hū bù
provavelmente	可能	kě néng
de propósito	故意	gù yì
por acidente	偶然的	ǒu rán de
muito	很	hěn
por exemplo	例如	lì rú
entre	之间	zhī jiān
entre (no meio de)	在 ⋯ 中	zài ... zhōng
tanto	这么多	zhè me duō
especialmente	特别	tè bié

Conceitos básicos. Parte 2

16. Opostos

rico (adj)	富裕的	fù yù de
pobre (adj)	贫穷的	pín qióng de
doente (adj)	生病的	shēng bìng de
bem (adj)	健康的	jiàn kāng de
grande (adj)	大的	dà de
pequeno (adj)	小的	xiǎo de
rapidamente	快	kuài
lentamente	慢慢地	màn màn de
rápido (adj)	快的	kuài de
lento (adj)	慢的	màn de
alegre (adj)	快乐的	kuài lè de
triste (adj)	悲哀的	bēi āi de
juntos (ir ~)	一起	yī qǐ
separadamente	分别地	fēn bié de
em voz alta (ler ~)	出声地	chū shēng de
para si (em silêncio)	看书	kàn shū
alto (adj)	高的	gāo de
baixo (adj)	低的	dī de
profundo (adj)	深的	shēn de
raso (adj)	浅的	qiǎn de
sim	是	shì
não	不	bù
distante (adj)	远的	yuǎn de
próximo (adj)	近的	jìn de
longe	远	yuǎn
à mão, perto	附近	fù jìn
longo (adj)	长的	cháng de
curto (adj)	短的	duǎn de
bom (bondoso)	良好的	liáng hǎo de
mal (adj)	凶恶的	xiōng è de
casado (adj)	已婚的	yǐ hūn de

solteiro (adj)	独身的	dú shēn de
proibir (vt)	禁止	jìn zhǐ
permitir (vt)	允许	yǔn xǔ
fim (m)	末尾	mò wěi
início (m)	起点	qǐ diǎn
esquerdo (adj)	左边的	zuǒ bian de
direito (adj)	右边的	yòu bian de
primeiro (adj)	第一的	dì yī de
último (adj)	最后的	zuì hòu de
crime (m)	罪行	zuì xíng
castigo (m)	惩罚	chéng fá
ordenar (vt)	命令	mìng lìng
obedecer (vt)	服从	fú cóng
reto (adj)	直的	zhí de
curvo (adj)	弯曲的	wān qū de
paraíso (m)	天堂	tiān táng
inferno (m)	地狱	dì yù
nascer (vi)	出生	chū shēng
morrer (vi)	死，死亡	sǐ, sǐ wáng
forte (adj)	强壮的	qiáng zhuàng de
fraco, débil (adj)	微弱的	wēi ruò de
velho, idoso (adj)	老的	lǎo de
jovem (adj)	年轻的	nián qīng de
velho (adj)	旧的	jiù de
novo (adj)	新的	xīn de
duro (adj)	硬的	yìng de
macio (adj)	软的	ruǎn de
quente (adj)	暖和的	nuǎn huo de
frio (adj)	冷的	lěng de
gordo (adj)	胖的	pàng de
magro (adj)	瘦的	shòu de
estreito (adj)	窄的	zhǎi de
largo (adj)	宽的	kuān de
bom (adj)	好的	hǎo de
mau (adj)	坏的	huài de
valente, corajoso (adj)	勇敢的	yǒng gǎn de
covarde (adj)	怯懦的	qiè nuò de

17. Dias da semana

segunda-feira (f)	星期一	xīng qī yī
terça-feira (f)	星期二	xīng qī èr
quarta-feira (f)	星期三	xīng qī sān
quinta-feira (f)	星期四	xīng qī sì
sexta-feira (f)	星期五	xīng qī wǔ
sábado (m)	星期六	xīng qī liù
domingo (m)	星期天	xīng qī tiān
hoje	今天	jīn tiān
amanhã	明天	míng tiān
depois de amanhã	后天	hòu tiān
ontem	昨天	zuó tiān
anteontem	前天	qián tiān
dia (m)	白天	bái tiān
dia (m) de trabalho	工作日	gōng zuò rì
feriado (m)	节日	jié rì
dia (m) de folga	休假日	xiū jià rì
fim (m) de semana	周末	zhōu mò
o dia todo	一整天	yī zhěng tiān
no dia seguinte	次日	cì rì
há dois dias	两天前	liǎng tiān qián
na véspera	前一天	qián yī tiān
diário (adj)	每天的	měi tiān de
todos os dias	每天地	měi tiān de
semana (f)	星期	xīng qī
na semana passada	上星期	shàng xīng qī
semana que vem	次周	cì zhōu
semanal (adj)	每周的	měi zhōu de
toda semana	每周	měi zhōu
duas vezes por semana	一周两次	yīzhōu liǎngcì
toda terça-feira	每个星期二	měi gè xīng qī èr

18. Horas. Dia e noite

manhã (f)	早晨	zǎo chén
de manhã	在上午	zài shàng wǔ
meio-dia (m)	中午	zhōng wǔ
à tarde	在下午	zài xià wǔ
tardinha (f)	晚间	wǎn jiān
à tardinha	在晚上	zài wǎn shang
noite (f)	夜晚	yè wǎn
à noite	夜间	yè jiān
meia-noite (f)	午夜	wǔ yè
segundo (m)	秒	miǎo
minuto (m)	分钟	fēn zhōng
hora (f)	小时	xiǎo shí

meia hora (f)	半小时	bàn xiǎo shí
quarto (m) de hora	一刻钟	yī kè zhōng
quinze minutos	十五分钟	shíwǔ fēn zhōng
vinte e quatro horas	昼夜	zhòuyè

nascer (m) do sol	日出	rì chū
amanhecer (m)	黎明	lí míng
madrugada (f)	清晨	qīng chén
pôr-do-sol (m)	日落	rì luò

de madrugada	一大早地	yī dà zǎo de
esta manhã	今天早上	jīntiān zǎo shang
amanhã de manhã	明天早上	míngtiān zǎo shang

esta tarde	今天下午	jīntiān xià wǔ
à tarde	在下午	zài xià wǔ
amanhã à tarde	明天下午	míngtiān xià wǔ

| esta noite, hoje à noite | 今晚 | jīn wǎn |
| amanhã à noite | 明天晚上 | míngtiān wǎn shang |

| por volta das quatro | 快到四点钟了 | kuài dào sì diǎnzhōng le |
| às doze | 十二点钟 | shí èr diǎnzhōng |

em vinte minutos	二十分钟 以后	èrshí fēnzhōng yǐhòu
em uma hora	在一个小时	zài yī gè xiǎo shí
a tempo	按时	àn shí

… um quarto para	差一刻	chà yī kè
dentro de uma hora	一小时内	yī xiǎo shí nèi
a cada quinze minutos	每个十五分钟	měi gè shíwǔ fēnzhōng
as vinte e quatro horas	日夜	rì yè

19. Meses. Estações

janeiro (m)	一月	yī yuè
fevereiro (m)	二月	èr yuè
março (m)	三月	sān yuè
abril (m)	四月	sì yuè
maio (m)	五月	wǔ yuè
junho (m)	六月	liù yuè

julho (m)	七月	qī yuè
agosto (m)	八月	bā yuè
setembro (m)	九月	jiǔ yuè
outubro (m)	十月	shí yuè
novembro (m)	十一月	shí yī yuè
dezembro (m)	十二月	shí èr yuè

primavera (f)	春季，春天	chūn jì
na primavera	在春季	zài chūn jì
primaveril (adj)	春天的	chūn tiān de
verão (m)	夏天	xià tiān
no verão	在夏天	zài xià tiān

de verão	夏天的	xià tiān de
outono (m)	秋天	qiū tiān
no outono	在秋季	zài qiū jì
outonal (adj)	秋天的	qiū tiān de
inverno (m)	冬天	dōng tiān
no inverno	在冬季	zài dōng jì
de inverno	冬天的	dōng tiān de
mês (m)	月，月份	yuè, yuèfèn
este mês	本月	běn yuè
mês que vem	次月	cì yuè
no mês passado	上个月	shàng gè yuè
um mês atrás	一个月前	yī gè yuè qián
em um mês	在一个月	zài yī gè yuè
em dois meses	过两个月	guò liǎng gè yuè
todo o mês	整个月	zhěnggè yuè
um mês inteiro	整个月	zhěnggè yuè
mensal (adj)	每月的	měi yuè de
mensalmente	每月	měi yuè
todo mês	每月	měi yuè
duas vezes por mês	一个月两次	yī gè yuè liǎngcì
ano (m)	年	nián
este ano	今年，本年度	jīn nián, běn nián dù
ano que vem	次年	cì nián
no ano passado	去年	qù nián
há um ano	一年前	yī nián qián
em um ano	在一年	zài yī nián
dentro de dois anos	过两年	guò liǎng nián
todo o ano	一整年	yī zhěng nián
um ano inteiro	表示一整年	biǎo shì yī zhěng nián
cada ano	每年	měi nián
anual (adj)	每年的	měi nián de
anualmente	每年	měi nián
quatro vezes por ano	一年四次	yī nián sì cì
data (~ de hoje)	日期	rìqī
data (ex. ~ de nascimento)	日期	rìqī
calendário (m)	日历	rìlì
meio ano	半年	bàn nián
seis meses	半年	bàn nián
estação (f)	季节	jì jié
século (m)	世纪	shì jì

20. Tempo. Diversos

tempo (m)	时间	shí jiān
momento (m)	瞬间	shùn jiān

instante (m)	瞬间	shùn jiān
instantâneo (adj)	瞬间的	shùn jiān de
lapso (m) de tempo	时期	shí qī
vida (f)	一生	yī shēng
eternidade (f)	永恒	yǒng héng
época (f)	时代	shí dài
era (f)	纪元	jì yuán
ciclo (m)	周期	zhōu qī
período (m)	时期	shí qī
prazo (m)	期限	qī xiàn
futuro (m)	未来	wèi lái
futuro (adj)	未来的	wèi lái de
da próxima vez	下次	xià cì
passado (m)	过去	guò qù
passado (adj)	过去的	guò qu de
na última vez	上次	shàng cì
mais tarde	后来	hòu lái
depois de ...	在 ··· 以后	zài ... yǐ hòu
atualmente	目前	mù qián
agora	现在	xiàn zài
imediatamente	立即	lì jí
em breve	很快	hěn kuài
de antemão	预先	yù xiān
há muito tempo	很久以前	hěn jiǔ yǐ qián
recentemente	最近	zuì jìn
destino (m)	命运	mìng yùn
recordações (f pl)	记忆力	jì yì lì
arquivo (m)	档案馆	dàng àn guǎn
durante ...	在 ··· 期间	zài ... qī jiān
durante muito tempo	长时间的	cháng shí jiān de
pouco tempo	不长	bù cháng
cedo (levantar-se ~)	早	zǎo
tarde (deitar-se ~)	晚	wǎn
para sempre	永远	yǒng yuǎn
começar (vt)	开始	kāi shǐ
adiar (vt)	推迟	tuī chí
ao mesmo tempo	同时	tóng shí
permanentemente	长期不变地	chángqī bùbiàn de
constante (~ ruído, etc.)	不断的	bù duàn de
temporário (adj)	暂时的	zàn shí de
às vezes	有时	yǒu shí
raras vezes, raramente	少见地	shǎo jiàn dì
frequentemente	经常	jīng cháng

21. Linhas e formas

quadrado (m)	正方形	zhèng fāng xíng
quadrado (adj)	正方形的	zhèng fāng xíng de

círculo (m)	圆，圆形	yuán, yuán xíng
redondo (adj)	圆的	yuán de
triângulo (m)	三角形	sān jiǎo xíng
triangular (adj)	三角形的	sān jiǎo xíng de

oval (f)	卵形线	luǎn xíng xiàn
oval (adj)	卵形的	luǎn xíng de
retângulo (m)	矩形	jǔ xíng
retangular (adj)	矩形的	jǔ xíng de

pirâmide (f)	角椎体	jiǎo zhuī tǐ
losango (m)	菱形	líng xíng
trapézio (m)	梯形	tǐ xíng
cubo (m)	立方体	lì fāng tǐ
prisma (m)	棱柱体	léng zhù tǐ

circunferência (f)	周长	zhōu cháng
esfera (f)	球形	qiú xíng
globo (m)	球体	qiú tǐ
diâmetro (m)	直径	zhí jìng
raio (m)	半径	bàn jìng
perímetro (m)	周长	zhōu cháng
centro (m)	中间	zhōng jiān

horizontal (adj)	横的	héng de
vertical (adj)	竖直的	shù zhí de
paralela (f)	平行线	píng xíng xiàn
paralelo (adj)	平行的	píng xíng de

linha (f)	线	xiàn
traço (m)	笔画	bǐ huà
reta (f)	直线	zhí xiàn
curva (f)	曲线	qū xiàn
fino (linha ~a)	薄的	báo de
contorno (m)	外形	wài xíng

interseção (f)	交点	jiāo diǎn
ângulo (m) reto	直角	zhí jiǎo
segmento (m)	弓形	gōng xíng
setor (m)	扇形	shàn xíng
lado (de um triângulo, etc.)	边	biān
ângulo (m)	角	jiāo

22. Unidades de medida

peso (m)	重量	zhòng liàng
comprimento (m)	长，长度	cháng, cháng dù
largura (f)	宽度	kuān dù
altura (f)	高度	gāo dù
profundidade (f)	深度	shēn dù
volume (m)	容量	róng liàng
área (f)	面积	miàn jī
grama (m)	克	kè
miligrama (m)	毫克	háo kè

quilograma (m)	公斤	gōng jīn
tonelada (f)	吨	dūn
libra (453,6 gramas)	磅	bàng
onça (f)	盎司	àng sī
metro (m)	米	mǐ
milímetro (m)	毫米	háo mǐ
centímetro (m)	厘米	límǐ
quilômetro (m)	公里	gōng lǐ
milha (f)	英里	yīng lǐ
polegada (f)	英寸	yīng cùn
pé (304,74 mm)	英尺	yīng chǐ
jarda (914,383 mm)	码	mǎ
metro (m) quadrado	平方米	píng fāng mǐ
hectare (m)	公顷	gōng qǐng
litro (m)	升	shēng
grau (m)	度	dù
volt (m)	伏，伏特	fú, fú tè
ampère (m)	安培	ān péi
cavalo (m) de potência	马力	mǎ lì
quantidade (f)	量	liàng
um pouco de …	一点	yī diǎn
metade (f)	一半	yī bàn
dúzia (f)	一打	yī dá
peça (f)	个	gè
tamanho (m), dimensão (f)	大小	dà xiǎo
escala (f)	比例	bǐ lì
mínimo (adj)	最低的	zuì dī de
menor, mais pequeno	最小的	zuì xiǎo de
médio (adj)	中等的	zhōng děng de
máximo (adj)	最多的	zuì duō de
maior, mais grande	最大的	zuì dà de

23. Recipientes

pote (m) de vidro	玻璃罐	bōli guàn
lata (~ de cerveja)	罐头	guàn tou
balde (m)	吊桶	diào tǒng
barril (m)	桶	tǒng
bacia (~ de plástico)	盆	pén
tanque (m)	箱	xiāng
cantil (m) de bolso	小酒壶	xiǎo jiǔ hú
galão (m) de gasolina	汽油罐	qì yóu guàn
cisterna (f)	储水箱	chǔ shuǐ xiāng
caneca (f)	马克杯	mǎkè bēi
xícara (f)	杯子	bēi zi

pires (m)	碟子	dié zi
copo (m)	杯子	bēi zi
taça (f) de vinho	酒杯	jiǔ bēi
panela (f)	炖锅	dùn guō

| garrafa (f) | 瓶子 | píng zi |
| gargalo (m) | 瓶颈 | píng jǐng |

jarra (f)	长颈玻璃瓶	chángjǐng bōli píng
jarro (m)	粘土壶	nián tǔ hú
recipiente (m)	器皿	qì mǐn
pote (m)	花盆	huā pén
vaso (m)	花瓶	huā píng

frasco (~ de perfume)	小瓶	xiǎo píng
frasquinho (m)	小玻璃瓶	xiǎo bōli píng
tubo (m)	软管	ruǎn guǎn

saco (ex. ~ de açúcar)	麻袋	má dài
sacola (~ plastica)	袋	dài
maço (de cigarros, etc.)	包，盒	bāo, hé

caixa (~ de sapatos, etc.)	盒子	hé zi
caixote (~ de madeira)	箱子	xiāng zi
cesto (m)	篮子	lán zi

24. Materiais

material (m)	材料	cái liào
madeira (f)	木头	mù tou
de madeira	木头的	mù tou de

| vidro (m) | 玻璃 | bō li |
| de vidro | 玻璃的 | bō li de |

| pedra (f) | 石头，石料 | shí tou, shí liào |
| de pedra | 石头的 | shí tou de |

| plástico (m) | 塑料 | sù liào |
| plástico (adj) | 塑料的 | sù liào de |

| borracha (f) | 橡胶 | xiàng jiāo |
| de borracha | 橡胶的 | xiàng jiāo de |

| tecido, pano (m) | 布料 | bùliào |
| de tecido | 用布料作的 | yòng bùliào zuò de |

| papel (m) | 纸 | zhǐ |
| de papel | 用纸作的 | yòng zhǐ zuò de |

papelão (m)	硬纸板	yìng zhǐ bǎn
de papelão	硬纸板制的	yìng zhǐ bǎn zhì de
polietileno (m)	聚乙烯	jù yǐ xī
celofane (m)	玻璃纸	bōli zhǐ

madeira (f) compensada	胶合板	jiāo hé bǎn
porcelana (f)	瓷	cí
de porcelana	瓷的	cí de
argila (f), barro (m)	粘土	nián tǔ
de barro	粘土的	nián tǔ de
cerâmica (f)	陶瓷	táo cí
de cerâmica	陶瓷的	táo cí de

25. Metais

metal (m)	金属	jīn shǔ
metálico (adj)	金属的	jīn shǔ de
liga (f)	合金	hé jīn

ouro (m)	黄金	huáng jīn
de ouro	金的	jīn de
prata (f)	银	yín
de prata	银的	yín de

ferro (m)	铁	tiě
de ferro	铁的	tiě de
aço (m)	钢铁	gāng tiě
de aço (adj)	钢铁的	gāng tiě de
cobre (m)	铜	tóng
de cobre	铜的	tóng de

alumínio (m)	铝	lǚ
de alumínio	铝 … , 铝的	lǚ …, lǚde
bronze (m)	青铜	qīng tóng
de bronze	青铜的	qīng tóng de

latão (m)	黄铜	huáng tóng
níquel (m)	镍	niè
platina (f)	白金	bái jīn
mercúrio (m)	水银	shuǐ yín
estanho (m)	锡	xī
chumbo (m)	铅	qiān
zinco (m)	锌	xīn

O SER HUMANO

O ser humano. O corpo

26. Humanos. Conceitos básicos

ser (m) humano	人	rén
homem (m)	男人	nán rén
mulher (f)	女人	nǚ rén
criança (f)	孩子	hái zi
menina (f)	女孩	nǚ hái
menino (m)	男孩	nán hái
adolescente (m)	少年	shào nián
velho (m)	老先生	lǎo xiān sheng
velha (f)	老妇人	lǎo fù rén

27. Anatomia humana

organismo (m)	人体	rén tǐ
coração (m)	心，心脏	xīn, xīn zàng
sangue (m)	血	xuè
artéria (f)	动脉	dòng mài
veia (f)	静脉	jìng mài
cérebro (m)	脑	nǎo
nervo (m)	神经	shén jīng
nervos (m pl)	神经	shén jīng
vértebra (f)	椎骨	zhuī gǔ
coluna (f) vertebral	脊柱	jǐ zhù
estômago (m)	胃	wèi
intestinos (m pl)	肠	cháng
intestino (m)	肠	cháng
fígado (m)	肝，肝脏	gān, gān zàng
rim (m)	肾	shèn
osso (m)	骨头	gǔtou
esqueleto (m)	骨骼	gǔ gé
costela (f)	肋骨	lèi gǔ
crânio (m)	头骨	tóu gǔ
músculo (m)	肌肉	jī ròu
bíceps (m)	二头肌	èr tóu jī
tríceps (m)	三头肌	sān tóu jī
tendão (m)	腱，肌腱	jiàn, jī jiàn
articulação (f)	关节	guān jié

pulmões (m pl)	肺	fèi
órgãos (m pl) genitais	生殖器	shēng zhí qì
pele (f)	皮肤	pí fū

28. Cabeça

cabeça (f)	头	tóu
rosto, cara (f)	脸，面孔	liǎn, miàn kǒng
nariz (m)	鼻子	bí zi
boca (f)	口，嘴	kǒu, zuǐ

olho (m)	眼	yǎn
olhos (m pl)	眼睛	yǎn jing
pupila (f)	瞳孔	tóng kǒng
sobrancelha (f)	眉毛	méi mao
cílio (f)	睫毛	jié máo
pálpebra (f)	眼皮	yǎn pí

língua (f)	舌，舌头	shé, shé tou
dente (m)	牙，牙齿	yá, yá chǐ
lábios (m pl)	唇	chún
maçãs (f pl) do rosto	颧骨	quán gǔ
gengiva (f)	齿龈	chǐ yín
palato (m)	腭	è

narinas (f pl)	鼻孔	bí kǒng
queixo (m)	颏	kē
mandíbula (f)	下颌	xià hé
bochecha (f)	脸颊	liǎn jiá

testa (f)	前额	qián é
têmpora (f)	太阳穴	tài yáng xué
orelha (f)	耳朵	ěr duo
costas (f pl) da cabeça	后脑勺儿	hòu nǎo sháo r
pescoço (m)	颈	jǐng
garganta (f)	喉部	hóu bù

cabelo (m)	头发	tóu fa
penteado (m)	发型	fà xíng
corte (m) de cabelo	发式	fà shì
peruca (f)	假发	jiǎ fà

bigode (m)	胡子	hú zi
barba (f)	胡须	hú xū
ter (~ barba, etc.)	蓄着	xù zhuó
trança (f)	辫子	biàn zi
suíças (f pl)	鬓角	bìn jiǎo

ruivo (adj)	红发的	hóng fà de
grisalho (adj)	灰白的	huī bái de
careca (adj)	秃头的	tū tóu de
calva (f)	秃头	tū tóu
rabo-de-cavalo (m)	马尾辫	mǎ wěi biàn
franja (f)	刘海	liú hǎi

29. Corpo humano

mão (f)	手	shǒu
braço (m)	胳膊	gēbo
dedo (m)	手指	shǒu zhǐ
polegar (m)	拇指	mǔ zhǐ
dedo (m) mindinho	小指	xiǎo zhǐ
unha (f)	指甲	zhǐ jia
punho (m)	拳	quán
palma (f)	手掌	shǒu zhǎng
pulso (m)	腕	wàn
antebraço (m)	前臂	qián bì
cotovelo (m)	肘	zhǒu
ombro (m)	肩膀	jiān bǎng
perna (f)	腿	tuǐ
pé (m)	脚，足	jiǎo, zú
joelho (m)	膝，膝盖	xī, xī gài
panturrilha (f)	小腿肚	xiǎo tuǐ dù
quadril (m)	臀部	tún bù
calcanhar (m)	后跟	hòu gēn
corpo (m)	身体	shēntǐ
barriga (f), ventre (m)	腹，腹部	fù, fù bù
peito (m)	胸	xiōng
seio (m)	乳房	rǔ fáng
lado (m)	体侧	tǐ cè
costas (dorso)	背	bèi
região (f) lombar	下背	xià bèi
cintura (f)	腰	yāo
umbigo (m)	肚脐	dù qí
nádegas (f pl)	臀部，屁股	tún bù, pì gu
traseiro (m)	屁股	pì gu
sinal (m), pinta (f)	痣	zhì
sinal (m) de nascença	胎痣	tāi zhì
tatuagem (f)	文身	wén shēn
cicatriz (f)	疤	bā

Vestuário & Acessórios

30. Roupa exterior. Casacos

roupa (f)	服装	fú zhuāng
roupa (f) exterior	外衣，上衣	wài yī, shàng yī
roupa (f) de inverno	寒衣	hán yī
sobretudo (m)	大衣	dà yī
casaco (m) de pele	皮大衣	pí dà yī
jaqueta (f) de pele	皮草短外套	pí cǎo duǎn wài tào
casaco (m) acolchoado	羽绒服	yǔ róng fú
casaco (m), jaqueta (f)	茄克衫	jiā kè shān
impermeável (m)	雨衣	yǔ yī
a prova d'água	不透水的	bù tòu shuǐ de

31. Vestuário de homem & mulher

camisa (f)	衬衫	chèn shān
calça (f)	裤子	kù zi
jeans (m)	牛仔裤	niú zǎi kù
paletó, terno (m)	西服上衣	xī fú shàng yī
terno (m)	套装	tào zhuāng
vestido (ex. ~ de noiva)	连衣裙	lián yī qún
saia (f)	裙子	qún zi
blusa (f)	女衬衫	nǚ chèn shān
casaco (m) de malha	针织毛衣	zhēn zhī máo yī
casaco, blazer (m)	茄克衫	jiā kè shān
camiseta (f)	T杣	T xù
short (m)	短裤	duǎn kù
training (m)	运动服	yùn dòng fú
roupão (m) de banho	浴衣	yù yī
pijama (m)	睡衣	shuì yī
suéter (m)	毛衣	máo yī
pulôver (m)	套头衫	tào tóu shān
colete (m)	马甲	mǎ jiǎ
fraque (m)	燕尾服	yàn wěi fú
smoking (m)	无尾礼服	wú wěi lǐ fú
uniforme (m)	制服	zhì fú
roupa (f) de trabalho	工作服	gōng zuò fú
macacão (m)	连体服	lián tǐ fú
jaleco (m), bata (f)	医师服	yī shī fú

32. Vestuário. Roupa interior

roupa (f) íntima	内衣	nèi yī
camiseta (f)	汗衫	hàn shān
meias (f pl)	短袜	duǎn wà
camisola (f)	睡衣	shuì yī
sutiã (m)	乳罩	rǔ zhào
meias longas (f pl)	膝上袜	xī shàng wà
meias-calças (f pl)	连裤袜	lián kù wà
meias (~ de nylon)	长筒袜	cháng tǒng wà
maiô (m)	游泳衣	yóu yǒng yī

33. Adereços de cabeça

chapéu (m), touca (f)	帽子	mào zi
chapéu (m) de feltro	礼帽	lǐ mào
boné (m) de beisebol	棒球帽	bàng qiú mào
boina (~ italiana)	鸭舌帽	yā shé mào
boina (ex. ~ basca)	贝雷帽	bèi léi mào
capuz (m)	风帽	fēng mào
chapéu panamá (m)	巴拿马草帽	bānámǎ cǎo mào
touca (f)	针织帽	zhēn zhī mào
lenço (m)	头巾	tóujīn
chapéu (m) feminino	女式帽	nǚshì mào
capacete (m) de proteção	安全帽	ān quán mào
bibico (m)	船形帽	chuán xíng mào
capacete (m)	头盔	tóu kuī
chapéu-coco (m)	圆顶礼帽	yuán dǐng lǐ mào
cartola (f)	大礼帽	dà lǐ mào

34. Calçado

calçado (m)	鞋类	xié lèi
botinas (f pl), sapatos (m pl)	短靴	duǎn xuē
sapatos (de salto alto, etc.)	翼尖鞋	yì jiān xié
botas (f pl)	靴子	xuē zi
pantufas (f pl)	拖鞋	tuō xié
tênis (~ Nike, etc.)	运动鞋	yùndòng xié
tênis (~ Converse)	胶底运动鞋	jiāodǐ yùndòng xié
sandálias (f pl)	凉鞋	liáng xié
sapateiro (m)	鞋匠	xié jiàng
salto (m)	鞋后跟	xié hòu gēn
par (m)	一双	yī shuāng
cadarço (m)	鞋带	xié dài

amarrar os cadarços	系鞋带	jì xié dài
calçadeira (f)	鞋拔	xié bá
graxa (f) para calçado	鞋油	xié yóu

35. Têxtil. Tecidos

algodão (m)	棉布	mián bù
de algodão	棉布	mián bù
linho (m)	亚麻	yà má
de linho	亚麻制的	yà má zhì de
seda (f)	丝	sī
de seda	丝 … , 丝的	sī …, sī de
lã (f)	羊毛	yáng máo
de lã	羊毛的	yáng máo de
veludo (m)	丝绒	sī róng
camurça (f)	绒面革	róng miàn gé
veludo (m) cotelê	绒布	róng bù
nylon (m)	尼龙	ní lóng
de nylon	尼龙的	ní lóng de
poliéster (m)	聚酯纤维	jù zhǐ xiān wéi
de poliéster	聚酯纤维的	jù zhǐ xiān wéi de
couro (m)	皮革	pí gé
de couro	皮革 … , 皮的	pí gé …, pí de
pele (f)	毛皮	máo pí
de pele	毛皮的	máo pí de

36. Acessórios pessoais

luva (f)	手套	shǒu tào
mitenes (f pl)	连指手套	lián zhǐ shǒu tào
cachecol (m)	围巾	wéi jīn
óculos (m pl)	眼镜	yǎn jìng
armação (f)	眼镜框	yǎn jìng kuàng
guarda-chuva (m)	雨伞	yǔ sǎn
bengala (f)	手杖	shǒu zhàng
escova (f) para o cabelo	梳子	shū zi
leque (m)	扇子	shàn zi
gravata (f)	领带	lǐng dài
gravata-borboleta (f)	领结	lǐng jié
suspensórios (m pl)	吊裤带	diào kù dài
lenço (m)	手帕	shǒu pà
pente (m)	梳子	shū zi
fivela (f) para cabelo	发夹	fà jiā
grampo (m)	发针	fà zhēn
fivela (f)	皮带扣	pí dài kòu

| cinto (m) | 腰带 | yāo dài |
| alça (f) de ombro | 肩带 | jiān dài |

bolsa (f)	包	bāo
bolsa (feminina)	女手提包	nǚ shǒutí bāo
mochila (f)	背包	bēi bāo

37. Vestuário. Diversos

moda (f)	时装	shí zhuāng
na moda (adj)	正在流行	zhèng zài liú xíng
estilista (m)	时装设计师	shízhuāng shèjìshī

colarinho (m)	衣领，领子	yī lǐng, lǐng zi
bolso (m)	口袋	kǒu dài
de bolso	口袋的	kǒu dài de
manga (f)	袖子	xiù zi
ganchinho (m)	挂衣环	guà yī huán
bragueta (f)	前开口	qián kāi kǒu

zíper (m)	拉链	lā liàn
colchete (m)	扣子	kòu zi
botão (m)	纽扣	niǔ kòu
botoeira (casa de botão)	纽扣孔	niǔ kòu kǒng
soltar-se (vr)	掉	diào

costurar (vi)	缝纫	féng rèn
bordar (vt)	绣	xiù
bordado (m)	绣花	xiù huā
agulha (f)	针	zhēn
fio, linha (f)	线	xiàn
costura (f)	线缝	xiàn féng

sujar-se (vr)	弄脏	nòng zāng
mancha (f)	污点，污迹	wū diǎn, wū jì
amarrotar-se (vr)	起皱	qǐ zhòu
rasgar (vt)	扯破	chě pò
traça (f)	衣蛾	yī é

38. Cuidados pessoais. Cosméticos

pasta (f) de dente	牙膏	yá gāo
escova (f) de dente	牙刷	yá shuā
escovar os dentes	刷牙	shuā yá

gilete (f)	剃须刀	tì xū dāo
creme (m) de barbear	剃须膏	tì xū gāo
barbear-se (vr)	刮脸	guā liǎn

sabonete (m)	肥皂	féi zào
xampu (m)	洗发液	xǐ fā yè
tesoura (f)	剪子，剪刀	jiǎn zi, jiǎndāo

lixa (f) de unhas	指甲锉	zhǐ jia cuò
corta-unhas (m)	指甲钳	zhǐ jia qián
pinça (f)	镊子	niè zi
cosméticos (m pl)	化妆品	huà zhuāng pǐn
máscara (f)	面膜	miàn mó
manicure (f)	美甲	měi jiǎ
fazer as unhas	修指甲	xiū zhǐ jia
pedicure (f)	足部护理	zú bù hù lǐ
bolsa (f) de maquiagem	化妆包	huà zhuāng bāo
pó (de arroz)	粉	fěn
pó (m) compacto	粉盒	fěn hé
blush (m)	胭脂	yān zhī
perfume (m)	香水	xiāng shuǐ
água-de-colônia (f)	香水	xiāng shuǐ
loção (f)	润肤液	rùn fū yè
colônia (f)	古龙水	gǔ lóng shuǐ
sombra (f) de olhos	眼影	yǎn yǐng
delineador (m)	眼线笔	yǎn xiàn bǐ
máscara (f), rímel (m)	睫毛膏	jié máo gāo
batom (m)	口红	kǒu hóng
esmalte (m)	指甲油	zhǐjia yóu
laquê (m), spray fixador (m)	喷雾发胶	pēn wù fà jiāo
desodorante (m)	除臭剂	chú chòu jì
creme (m)	护肤霜	hù fū shuāng
creme (m) de rosto	面霜	miàn shuāng
creme (m) de mãos	护手霜	hù shǒu shuāng
creme (m) antirrugas	抗皱霜	kàng zhòu shuāng
de dia	白天的	bái tiān de
da noite	夜间的	yè jiān de
absorvente (m) interno	卫生棉条	wèi shēng mián tiáo
papel (m) higiênico	卫生纸	wèi shēng zhǐ
secador (m) de cabelo	吹风机	chuī fēng jī

39. Joalheria

joias (f pl)	珠宝	zhū bǎo
precioso (adj)	宝 …，宝贵的	bǎo …, bǎoguì de
marca (f) de contraste	印记	yìn jì
anel (m)	戒指	jièzhi
aliança (f)	结婚戒指	jiéhūn jièzhi
pulseira (f)	手镯	shǒu zhuó
brincos (m pl)	耳环	ěr huán
colar (m)	项链	xiàng liàn
coroa (f)	王冠	wáng guān
colar (m) de contas	珠串项链	zhū chuàn xiàng liàn

diamante (m)	钻石	zuàn shí
esmeralda (f)	绿宝石	lǜ bǎo shí
rubi (m)	红宝石	hóng bǎo shí
safira (f)	蓝宝石	lán bǎo shí
pérola (f)	珍珠	zhēn zhū
âmbar (m)	琥珀	hǔpò

40. Relógios de pulso. Relógios

relógio (m) de pulso	手表	shǒu biǎo
mostrador (m)	钟面	zhōng miàn
ponteiro (m)	指针	zhǐ zhēn
bracelete (em aço)	手表链	shǒu biǎo liàn
bracelete (em couro)	表带	biǎo dài
pilha (f)	电池	diàn chí
acabar (vi)	没电	méi diàn
trocar a pilha	换电池	huàn diàn chí
estar adiantado	快	kuài
estar atrasado	慢	màn
relógio (m) de parede	挂钟	guà zhōng
ampulheta (f)	沙漏	shā lòu
relógio (m) de sol	日规	rì guī
despertador (m)	闹钟	nào zhōng
relojoeiro (m)	钟表匠	zhōng biǎo jiàng
reparar (vt)	修理	xiū lǐ

Alimentação. Nutrição

41. Comida

carne (f)	肉	ròu
galinha (f)	鸡肉	jī ròu
frango (m)	小鸡	xiǎo jī
pato (m)	鸭子	yā zi
ganso (m)	鹅肉	é ròu
caça (f)	猎物	liè wù
peru (m)	火鸡	huǒ jī
carne (f) de porco	猪肉	zhū ròu
carne (f) de vitela	小牛肉	xiǎo niú ròu
carne (f) de carneiro	羊肉	yáng ròu
carne (f) de vaca	牛肉	niú ròu
carne (f) de coelho	兔肉	tù ròu
linguiça (f), salsichão (m)	香肠	xiāng cháng
salsicha (f)	小灌肠	xiǎo guàn cháng
bacon (m)	腊肉	là ròu
presunto (m)	火腿	huǒ tuǐ
pernil (m) de porco	熏火腿	xūn huǒ tuǐ
patê (m)	鹅肝酱	é gān jiàng
fígado (m)	肝	gān
guisado (m)	碎牛肉	suì niú ròu
língua (f)	口条	kǒu tiáo
ovo (m)	鸡蛋	jī dàn
ovos (m pl)	鸡蛋	jī dàn
clara (f) de ovo	蛋白	dàn bái
gema (f) de ovo	蛋黄	dàn huáng
peixe (m)	鱼	yú
mariscos (m pl)	海鲜	hǎi xiān
caviar (m)	鱼子酱	yúzǐ jiàng
caranguejo (m)	螃蟹	páng xiè
camarão (m)	虾，小虾	xiā, xiǎo xiā
ostra (f)	牡蛎	mǔ lì
lagosta (f)	龙虾	lóng xiā
polvo (m)	章鱼	zhāng yú
lula (f)	鱿鱼	yóu yú
esturjão (m)	鲟鱼	xú nyú
salmão (m)	鲑鱼	guī yú
halibute (m)	比目鱼	bǐ mù yú
bacalhau (m)	鳕鱼	xuě yú
cavala, sarda (f)	鲭鱼	qīng yú

| atum (m) | 金枪鱼 | jīn qiāng yú |
| enguia (f) | 鳗鱼，鳝鱼 | mán yú, shàn yú |

truta (f)	鳟鱼	zūn yú
sardinha (f)	沙丁鱼	shā dīng yú
lúcio (m)	狗鱼	gǒu yú
arenque (m)	鲱鱼	fēi yú

pão (m)	面包	miàn bāo
queijo (m)	奶酪	nǎi lào
açúcar (m)	糖	táng
sal (m)	盐，食盐	yán, shí yán

arroz (m)	米	mǐ
massas (f pl)	通心粉	tōng xīn fěn
talharim, miojo (m)	面条	miàn tiáo

manteiga (f)	黄油	huáng yóu
óleo (m) vegetal	植物油	zhí wù yóu
óleo (m) de girassol	向日葵油	xiàng rì kuí yóu
margarina (f)	人造奶油	rénzào nǎi yóu

| azeitonas (f pl) | 橄榄 | gǎn lǎn |
| azeite (m) | 橄榄油 | gǎn lǎn yóu |

leite (m)	牛奶	niú nǎi
leite (m) condensado	炼乳	liàn rǔ
iogurte (m)	酸奶	suān nǎi
creme (m) azedo	酸奶油	suān nǎi yóu
creme (m) de leite	奶油	nǎi yóu

| maionese (f) | 蛋黄酱 | dàn huáng jiàng |
| creme (m) | 乳脂 | rǔ zhī |

grãos (m pl) de cereais	谷粒	gǔ lì
farinha (f)	面粉	miàn fěn
enlatados (m pl)	罐头食品	guàn tou shí pǐn

flocos (m pl) de milho	玉米片	yù mǐ piàn
mel (m)	蜂蜜	fēng mì
geleia (m)	果冻	guǒ dòng
chiclete (m)	口香糖	kǒu xiāng táng

42. Bebidas

água (f)	水	shuǐ
água (f) potável	饮用水	yǐn yòng shuǐ
água (f) mineral	矿泉水	kuàng quán shuǐ

sem gás (adj)	无气的	wú qì de
gaseificada (adj)	苏打 …	sū dá …
com gás	汽水	qì shuǐ
gelo (m)	冰	bīng
com gelo	加冰的	jiā bīng de

não alcoólico (adj)	不含酒精的	bù hán jiǔ jīng de
refrigerante (m)	软性饮料	ruǎn xìng yǐn liào
refresco (m)	清凉饮料	qīng liáng yǐn liào
limonada (f)	柠檬水	níng méng shuǐ
bebidas (f pl) alcoólicas	烈酒	liè jiǔ
licor (m)	甜酒	tián jiǔ
champanhe (m)	香槟	xiāng bīn
vermute (m)	苦艾酒	kǔ ài jiǔ
uísque (m)	威士忌酒	wēi shì jì jiǔ
vodca (f)	伏特加	fú tè jiā
gim (m)	杜松子酒	dù sōng zǐ jiǔ
conhaque (m)	法国白兰地	fǎguó báilándì
rum (m)	朗姆酒	lǎng mǔ jiǔ
café (m)	咖啡	kāfēi
café (m) preto	黑咖啡	hēi kāfēi
café (m) com leite	加牛奶的咖啡	jiāniúnǎide kāfēi
cappuccino (m)	卡布奇诺	kǎ bù jī nuò
café (m) solúvel	速溶咖啡	sùróng kāfēi
leite (m)	牛奶	niú nǎi
coquetel (m)	鸡尾酒	jī wěi jiǔ
batida (f), milkshake (m)	奶昔	nǎi xī
suco (m)	果汁	guǒzhī
suco (m) de tomate	番茄汁	fān qié zhī
suco (m) de laranja	橙子汁	chéng zi zhī
suco (m) fresco	新鲜果汁	xīnxiān guǒzhī
cerveja (f)	啤酒	píjiǔ
cerveja (f) clara	淡啤酒	dàn píjiǔ
cerveja (f) preta	黑啤酒	hēi píjiǔ
chá (m)	茶	chá
chá (m) preto	红茶	hóng chá
chá (m) verde	绿茶	lǜ chá

43. Vegetais

vegetais (m pl)	蔬菜	shū cài
verdura (f)	青菜	qīng cài
tomate (m)	西红柿	xī hóng shì
pepino (m)	黄瓜	huáng guā
cenoura (f)	胡萝卜	hú luó bo
batata (f)	土豆	tǔ dòu
cebola (f)	洋葱	yáng cōng
alho (m)	大蒜	dà suàn
couve (f)	洋白菜	yáng bái cài
couve-flor (f)	菜花	cài huā
couve-de-bruxelas (f)	球芽甘蓝	qiú yá gān lán

brócolis (m pl)	西蓝花	xī lán huā
beterraba (f)	甜菜	tiáncài
berinjela (f)	茄子	qié zi
abobrinha (f)	西葫芦	xī hú lu
abóbora (f)	南瓜	nán guā
nabo (m)	蔓菁	mán jing
salsa (f)	欧芹	ōu qín
endro, aneto (m)	莳萝	shì luó
alface (f)	生菜，莴苣	shēng cài, wō jù
aipo (m)	芹菜	qín cài
aspargo (m)	芦笋	lú sǔn
espinafre (m)	菠菜	bō cài
ervilha (f)	豌豆	wān dòu
feijão (~ soja, etc.)	豆子	dòu zi
milho (m)	玉米	yù mǐ
feijão (m) roxo	四季豆	sì jì dòu
pimentão (m)	胡椒，辣椒	hú jiāo, là jiāo
rabanete (m)	水萝卜	shuǐ luó bo
alcachofra (f)	朝鲜蓟	cháo xiǎn jì

44. Frutos. Nozes

fruta (f)	水果	shuǐ guǒ
maçã (f)	苹果	píng guǒ
pera (f)	梨	lí
limão (m)	柠檬	níng méng
laranja (f)	橙子	chén zi
morango (m)	草莓	cǎo méi
tangerina (f)	橘子	jú zi
ameixa (f)	李子	lǐ zi
pêssego (m)	桃子	táo zi
damasco (m)	杏子	xìng zi
framboesa (f)	覆盆子	fù pén zi
abacaxi (m)	菠萝	bō luó
banana (f)	香蕉	xiāng jiāo
melancia (f)	西瓜	xī guā
uva (f)	葡萄	pú tao
ginja (f)	樱桃	yīngtáo
cereja (f)	欧洲甜樱桃	ōuzhōu tián yīngtáo
melão (m)	瓜，甜瓜	guā, tián guā
toranja (f)	葡萄柚	pú tao yòu
abacate (m)	鳄梨	è lí
mamão (m)	木瓜	mù guā
manga (f)	芒果	máng guǒ
romã (f)	石榴	shí liú
groselha (f) vermelha	红醋栗	hóng cù lì
groselha (f) negra	黑醋栗	hēi cù lì

groselha (f) espinhosa	醋栗	cù lì
mirtilo (m)	越橘	yuè jú
amora (f) silvestre	黑莓	hēi méi

passa (f)	葡萄干	pútao gān
figo (m)	无花果	wú huā guǒ
tâmara (f)	海枣	hǎi zǎo

amendoim (m)	花生	huā shēng
amêndoa (f)	杏仁	xìng rén
noz (f)	核桃	hé tao
avelã (f)	榛子	zhěn zi
coco (m)	椰子	yē zi
pistaches (m pl)	开心果	kāi xīn guǒ

45. Pão. Bolaria

pastelaria (f)	油酥面饼	yóu sū miàn bǐng
pão (m)	面包	miàn bāo
biscoito (m), bolacha (f)	饼干	bǐng gān

chocolate (m)	巧克力	qiǎo kè lì
de chocolate	巧克力的	qiǎo kè lì de
bala (f)	糖果	táng guǒ
doce (bolo pequeno)	小蛋糕	xiǎo dàngāo
bolo (m) de aniversário	蛋糕	dàngāo

| torta (f) | 大馅饼 | dà xiàn bǐng |
| recheio (m) | 馅 | xiàn |

geleia (m)	果酱	guǒ jiàng
marmelada (f)	酸果酱	suān guǒ jiàng
wafers (m pl)	华夫饼干	huá fū bǐng gān
sorvete (m)	冰淇淋	bǐng qí lín

46. Pratos cozinhados

prato (m)	菜	cài
cozinha (~ portuguesa)	菜肴	cài yáo
receita (f)	烹饪法	pēng rèn fǎ
porção (f)	一份	yī fèn

| salada (f) | 沙拉 | shā lā |
| sopa (f) | 汤 | tāng |

caldo (m)	清汤	qīng tāng
sanduíche (m)	三明治	sān míng zhì
ovos (m pl) fritos	煎蛋	jiān dàn

hambúrguer (m)	汉堡	hàn bǎo
bife (m)	牛排	niú pái
acompanhamento (m)	配菜	pèi cài

espaguete (m)	意大利面条	yì dà lì miàn tiáo
purê (m) de batata	土豆泥	tǔ dòu ní
pizza (f)	比萨饼	bǐ sà bǐng
mingau (m)	麦片粥	mài piàn zhōu
omelete (f)	鸡蛋饼	jīdàn bǐng
fervido (adj)	煮熟的	zhǔ shóu de
defumado (adj)	熏烤的	xūn kǎo de
frito (adj)	油煎的	yóu jiān de
seco (adj)	干的	gān de
congelado (adj)	冷冻的	lěng dòng de
em conserva (adj)	醋渍的	cù zì de
doce (adj)	甜的	tián de
salgado (adj)	咸的	xián de
frio (adj)	冷的	lěng de
quente (adj)	烫的	tàng de
amargo (adj)	苦的	kǔ de
gostoso (adj)	美味的	měi wèi de
cozinhar em água fervente	做饭	zuò fàn
preparar (vt)	做饭	zuò fàn
fritar (vt)	油煎	yóu jiān
aquecer (vt)	加热	jiā rè
salgar (vt)	加盐	jiā yán
apimentar (vt)	加胡椒	jiā hú jiāo
ralar (vt)	磨碎	mò suì
casca (f)	皮	pí
descascar (vt)	剥皮	bāo pí

47. Especiarias

sal (m)	盐，食盐	yán, shí yán
salgado (adj)	含盐的	hán yán de
salgar (vt)	加盐	jiā yán
pimenta-do-reino (f)	黑胡椒	hēi hú jiāo
pimenta (f) vermelha	红辣椒粉	hóng là jiāo fěn
mostarda (f)	芥末	jiè mo
raiz-forte (f)	辣根汁	là gēn zhī
condimento (m)	调味品	diào wèi pǐn
especiaria (f)	香料	xiāng liào
molho (~ inglês)	调味汁	tiáo wèi zhī
vinagre (m)	醋	cù
anis estrelado (m)	茴芹	huí qín
manjericão (m)	罗勒	luó lè
cravo (m)	丁香	dīng xiāng
gengibre (m)	姜	jiāng
coentro (m)	芫荽	yuán suī
canela (f)	肉桂	ròu guì
gergelim (m)	芝麻	zhī ma

folha (f) de louro	月桂叶	yuè guì yè
páprica (f)	红甜椒粉	hóng tián jiāo fěn
cominho (m)	葛缕子	gélǚ zi
açafrão (m)	番红花	fān hóng huā

48. Refeições

| comida (f) | 食物 | shí wù |
| comer (vt) | 吃 | chī |

café (m) da manhã	早饭	zǎo fàn
tomar café da manhã	吃早饭	chī zǎo fàn
almoço (m)	午饭	wǔ fàn
almoçar (vi)	吃午饭	chī wǔ fàn
jantar (m)	晚餐	wǎn cān
jantar (vi)	吃晚饭	chī wǎn fàn

| apetite (m) | 胃口 | wèi kǒu |
| Bom apetite! | 请慢用！ | qǐng màn yòng! |

abrir (~ uma lata, etc.)	打开	dǎ kāi
derramar (~ líquido)	洒出	sǎ chū
derramar-se (vr)	洒出	sǎ chū

ferver (vi)	煮开	zhǔ kāi
ferver (vt)	烧开	shāo kāi
fervido (adj)	煮开过的	zhǔ kāi guò de
esfriar (vt)	变凉	biàn liáng
esfriar-se (vr)	变凉	biàn liáng

| sabor, gosto (m) | 味道 | wèi dào |
| fim (m) de boca | 回味，余味 | huí wèi, yú wèi |

emagrecer (vi)	减肥	jiǎn féi
dieta (f)	日常饮食	rì cháng yǐn shí
vitamina (f)	维生素	wéi shēng sù
caloria (f)	卡路里	kǎlùlǐ
vegetariano (m)	素食者	sù shí zhě
vegetariano (adj)	素的	sù de

gorduras (f pl)	脂肪	zhī fáng
proteínas (f pl)	蛋白质	dàn bái zhì
carboidratos (m pl)	碳水化合物	tàn shuǐ huà hé wù
fatia (~ de limão, etc.)	一片	yī piàn
pedaço (~ de bolo)	一块	yī kuài
migalha (f), farelo (m)	面包屑	miàn bāo xiè

49. Por a mesa

colher (f)	勺子	sháo zi
faca (f)	刀，刀子	dāo, dāo zi
garfo (m)	叉，餐叉	chā, cān chā

xícara (f)	杯子	bēi zi
prato (m)	盘子	pán zi
pires (m)	碟子	dié zi
guardanapo (m)	餐巾	cān jīn
palito (m)	牙签	yá qiān

50. Restaurante

restaurante (m)	饭馆	fàn guǎn
cafeteria (f)	咖啡馆	kāfēi guǎn
bar (m), cervejaria (f)	酒吧	jiǔ bā
salão (m) de chá	茶馆	chá guǎn

garçom (m)	服务员	fú wù yuán
garçonete (f)	女服务员	nǚ fú wù yuán
barman (m)	酒保	jiǔ bǎo

cardápio (m)	菜单	cài dān
lista (f) de vinhos	酒单	jiǔ dān
reservar uma mesa	订桌子	dìng zhuō zi

prato (m)	菜	cài
pedir (vt)	订菜	dìng cài
fazer o pedido	订菜	dìng cài

aperitivo (m)	开胃酒	kāi wèi jiǔ
entrada (f)	开胃菜	kāi wèi cài
sobremesa (f)	甜点心	tián diǎn xīn

conta (f)	账单	zhàng dān
pagar a conta	付账	fù zhàng
dar o troco	找零钱	zhǎo líng qián
gorjeta (f)	小费	xiǎo fèi

Família, parentes e amigos

51. Informação pessoal. Formulários

nome (m)	名字	míng zi
sobrenome (m)	姓	xìng
data (f) de nascimento	出生日期	chū shēng rì qī
local (m) de nascimento	出生地	chū shēng dì
nacionalidade (f)	国籍	guó jí
lugar (m) de residência	住所地	zhù suǒ dì
país (m)	国家	guó jiā
profissão (f)	职业	zhí yè
sexo (m)	性，性别	xìng, xìngbié
estatura (f)	身高	shēn gāo
peso (m)	重量	zhòng liàng

52. Membros da família. Parentes

mãe (f)	母亲	mǔ qīn
pai (m)	父亲	fù qīn
filho (m)	儿子	ér zi
filha (f)	女儿	nǚ ér
caçula (f)	最小的女儿	zuìxiǎode nǚ ér
caçula (m)	最小的儿子	zuìxiǎode ér zi
filha (f) mais velha	最大的女儿	zuìdàde nǚér
filho (m) mais velho	最大的儿子	zuìdàde ér zi
irmão (m) mais velho	哥哥	gēge
irmão (m) mais novo	弟弟	dìdi
irmã (f) mais velha	姐姐	jiějie
irmã (f) mais nova	妹妹	mèi mei
primo (m)	堂兄弟，表兄弟	tángxiōngdì, biǎoxiōngdì
prima (f)	堂姊妹，表姊妹	tángzǐmèi, biǎozǐmèi
mamãe (f)	妈妈	mā ma
papai (m)	爸爸	bàba
pais (pl)	父母	fù mǔ
criança (f)	孩子	hái zi
crianças (f pl)	孩子们	hái zi men
avó (f)	姥姥	lǎo lao
avô (m)	爷爷	yé ye
neto (m)	孙子	sūn zi
neta (f)	孙女	sūn nǚ
netos (pl)	孙子们	sūn zi men

tio (m)	姑爹	gū diē
tia (f)	姑妈	gū mā
sobrinho (m)	侄子	zhí zi
sobrinha (f)	侄女	zhí nǚ

sogra (f)	岳母	yuè mǔ
sogro (m)	公公	gōng gong
genro (m)	女婿	nǚ xu
madrasta (f)	继母	jì mǔ
padrasto (m)	继父	jì fù

criança (f) de colo	婴儿	yīng ér
bebê (m)	婴儿	yīng ér
menino (m)	小孩	xiǎo hái

mulher (f)	妻子	qī zi
marido (m)	老公	lǎo gōng
esposo (m)	配偶	pèi ǒu
esposa (f)	配偶	pèi ǒu

casado (adj)	结婚的	jié hūn de
casada (adj)	结婚的	jié hūn de
solteiro (adj)	独身的	dú shēn de
solteirão (m)	单身汉	dān shēn hàn
divorciado (adj)	离婚的	lí hūn de
viúva (f)	寡妇	guǎ fu
viúvo (m)	鳏夫	guān fū

parente (m)	亲戚	qīn qi
parente (m) próximo	近亲	jìn qīn
parente (m) distante	远亲	yuǎn qīn
parentes (m pl)	亲属	qīn shǔ

órfão (m), órfã (f)	孤儿	gū ér
tutor (m)	监护人	jiān hù rén
adotar (um filho)	收养	shōu yǎng
adotar (uma filha)	收养	shōu yǎng

53. Amigos. Colegas de trabalho

amigo (m)	朋友	péngyou
amiga (f)	女性朋友	nǚxìng péngyou
amizade (f)	友谊	yǒu yì
ser amigos	交朋友	jiāo péngyou

amigo (m)	朋友	péngyou
amiga (f)	朋友	péngyou
parceiro (m)	搭档	dā dàng

chefe (m)	老板	lǎo bǎn
proprietário (m)	物主	wù zhǔ
subordinado (m)	下属	xià shǔ
colega (m, f)	同事	tóng shì
conhecido (m)	熟人	shú rén

companheiro (m) de viagem	旅伴	lǚ bàn
colega (m) de classe	同学	tóng xué
vizinho (m)	邻居	lín jū
vizinha (f)	邻居	lín jū
vizinhos (pl)	邻居们	lín jū men

54. Homem. Mulher

mulher (f)	女人	nǚ rén
menina (f)	姑娘	gū niang
noiva (f)	新娘	xīn niáng
bonita, bela (adj)	漂亮的	piào liang de
alta (adj)	高的	gāo de
esbelta (adj)	苗条	miáo tiáo
baixa (adj)	矮的	ǎi de
loira (f)	金发女郎	jīnfà nǚláng
morena (f)	黑发女人	hēifà nǚrén
de senhora	女式	nǚ shì
virgem (f)	处女	chǔ nǚ
grávida (adj)	怀孕的	huái yùn de
homem (m)	男人	nán rén
loiro (m)	金发男子	jīnfà nánzǐ
moreno (m)	黑发男人	hēifà nánrén
alto (adj)	高的	gāo de
baixo (adj)	矮的	ǎi de
rude (adj)	粗鲁的	cū lǔ de
atarracado (adj)	结实的	jiē shi de
robusto (adj)	强健的	qiáng jiàn de
forte (adj)	强壮的	qiáng zhuàng de
força (f)	力气	lìqi
gordo (adj)	肥胖的	féi pàng de
moreno (adj)	黝黑的	yǒu hēi de
esbelto (adj)	身强力壮的	shēn qiáng lì zhuàng de
elegante (adj)	雅致的	yǎ zhì de

55. Idade

idade (f)	年龄	nián líng
juventude (f)	青年时期	qīng nián shí qī
jovem (adj)	年轻的	nián qīng de
mais novo (adj)	… 比 … 小	… bǐ … xiǎo
mais velho (adj)	… 比 … 大	… bǐ … dà
jovem (m)	年轻男士	nián qīng nán shì
adolescente (m)	少年	shào nián

rapaz (m)	小伙子	xiǎo huǒ zi
velho (m)	老先生	lǎo xiān sheng
velha (f)	老妇人	lǎo fù rén
adulto	成年的	chéng nián de
de meia-idade	中年的	zhōng nián de
idoso, de idade (adj)	年长的	nián zhǎng de
velho (adj)	老的	lǎo de
aposentadoria (f)	退休	tuì xiū
aposentar-se (vr)	退休	tuì xiū
aposentado (m)	退休人员	tuì xiū rén yuán

56. Crianças

criança (f)	孩子	hái zi
crianças (f pl)	孩子们	hái zi men
gêmeos (m pl), gêmeas (f pl)	孪生儿	luán shēng ér
berço (m)	摇篮	yáo lán
chocalho (m)	摇铃	yáo líng
fralda (f)	尿布	niào bù
chupeta (f), bico (m)	安抚奶嘴	ān fǔ nǎi zuǐ
carrinho (m) de bebê	婴儿车	yīng ér chē
jardim (m) de infância	幼儿园	yòu ér yuán
babysitter, babá (f)	保姆	bǎo mǔ
infância (f)	童年	tóng nián
boneca (f)	娃娃	wá wa
brinquedo (m)	玩具	wán jù
jogo (m) de montar	建筑玩具	jiàn zhù wán jù
bem-educado (adj)	有教养的	yǒu jiào yǎng de
malcriado (adj)	教养差的	jiào yǎng chà de
mimado (adj)	宠坏的	chǒng huài de
ser travesso	淘气	táoqì
travesso, traquinas (adj)	淘气的	táoqì de
travessura (f)	淘气	táoqì
criança (f) travessa	淘气的男孩	táoqì de nán hái
obediente (adj)	听话的	tīnghuà de
desobediente (adj)	不听话的	bù tīnghuà de
dócil (adj)	温顺的	wēn shùn de
inteligente (adj)	聪明的	cōng ming de
prodígio (m)	天才儿童	tiān cái ér tóng

57. Casais. Vida de família

beijar (vt)	吻	wěn
beijar-se (vr)	相吻	xiāng wěn

família (f)	家庭	jiā tíng
familiar (vida ~)	家庭的	jiā tíng de
casal (m)	夫妻	fūqī
matrimônio (m)	婚姻	hūn yīn
lar (m)	家庭	jiā tíng
dinastia (f)	王朝	wáng cháo
encontro (m)	约会	yuē huì
beijo (m)	吻	wěn
amor (m)	爱情	ài qíng
amar (pessoa)	爱	ài
amado, querido (adj)	爱人	ài rén
ternura (f)	温柔	wēn róu
afetuoso (adj)	温柔的	wēn róu de
fidelidade (f)	忠贞	zhōng zhēn
fiel (adj)	忠贞的	zhōng zhēn de
cuidado (m)	关心	guān xīn
carinhoso (adj)	关心的	guān xīn de
recém-casados (pl)	新婚夫妇	xīn hūn fū fù
lua (f) de mel	蜜月	mì yuè
casar-se (com um homem)	结婚	jié hūn
casar-se (com uma mulher)	结婚	jié hūn
casamento (m)	婚礼	hūn lǐ
bodas (f pl) de ouro	金婚纪念	jīn hūn jì niàn
aniversário (m)	周年	zhōu nián
amante (m)	情人	qíng rén
amante (f)	情妇	qíng fù
adultério (m), traição (f)	通奸	tōng jiān
cometer adultério	通奸	tōng jiān
ciumento (adj)	吃醋的	chī cù de
ser ciumento, -a	吃醋	chī cù
divórcio (m)	离婚	lí hūn
divorciar-se (vr)	离婚	lí hūn
brigar (discutir)	吵架	chǎo jià
fazer as pazes	和解	hé jiě
juntos (ir ~)	一起	yī qǐ
sexo (m)	性爱	xìng ài
felicidade (f)	幸福	xìng fú
feliz (adj)	幸福的	xìng fú de
infelicidade (f)	不幸	bù xìng
infeliz (adj)	不幸福的	bù xìng fú de

Caráter. Sentimentos. Emoções

58. Sentimentos. Emoções

sentimento (m)	感情	gǎn qíng
sentimentos (m pl)	感情	gǎn qíng
sentir (vt)	感觉	gǎn jué
fome (f)	饿	è
ter fome	饿	è
sede (f)	渴，口渴	kě, kǒukě
ter sede	渴	kě
sonolência (f)	睡意	shuì yì
estar sonolento	感到困倦	gǎn dào kùn juàn
cansaço (m)	疲劳	pí láo
cansado (adj)	疲劳的	pí láo de
ficar cansado	疲倦	pí juàn
humor (m)	心情	xīn qíng
tédio (m)	厌烦	yàn fán
entediar-se (vr)	过无聊的生活	guòwúliáode shēnghuó
reclusão (isolamento)	隐居	yǐn jū
isolar-se (vr)	隐居	yǐn jū
preocupar (vt)	使 … 发愁	shǐ … fā chóu
estar preocupado	担心	dān xīn
preocupação (f)	忧虑	yōu lǜ
ansiedade (f)	焦虑	jiāo lǜ
preocupado (adj)	忧虑的	yōu lǜ de
estar nervoso	紧张	jǐn zhāng
entrar em pânico	惊慌	jīng huāng
esperança (f)	希望	xī wàng
esperar (vt)	希望	xī wàng
certeza (f)	确定	què dìng
certo, seguro de …	确定的	què dìng de
indecisão (f)	不确定	bù què dìng
indeciso (adj)	不确定的	bù què dìng de
bêbado (adj)	喝醉的	hē zuì de
sóbrio (adj)	清醒的	qīng xǐng de
fraco (adj)	体弱	tǐ ruò
feliz (adj)	幸运的	xìng yùn de
assustar (vt)	吓唬	xià hu
fúria (f)	暴怒	bào nù
ira, raiva (f)	狂怒	kuáng nù
depressão (f)	沮丧	jǔ sàng
desconforto (m)	不方便	bù fāng biàn

conforto (m)	安逸	ān yì
arrepender-se (vr)	后悔	hòu huǐ
arrependimento (m)	遗憾	yí hàn
azar (m), má sorte (f)	倒霉	dǎo méi
tristeza (f)	悲哀	bēi āi
vergonha (f)	惭愧	cán kuì
alegria (f)	欢乐	huān lè
entusiasmo (m)	热情	rè qíng
entusiasta (m)	热衷者	rè zhōng zhě
mostrar entusiasmo	表现出热情	biǎoxiàn chū rèqíng

59. Caráter. Personalidade

caráter (m)	品行	pǐn xíng
falha (f) de caráter	缺点	quē diǎn
mente (f)	头脑	tóunǎo
razão (f)	智力	zhì lì
consciência (f)	良心	liáng xīn
hábito, costume (m)	习惯	xí guàn
habilidade (f)	能力	néng lì
saber (~ nadar, etc.)	能，会	néng, huì
paciente (adj)	有耐心的	yǒu nài xīn de
impaciente (adj)	不耐烦的	bù nài fán de
curioso (adj)	好奇的	hào qí de
curiosidade (f)	好奇心	hào qí xīn
modéstia (f)	谦虚	qiān xū
modesto (adj)	谦虚的	qiān xū de
imodesto (adj)	不谦虚的	bù qiān xū de
preguiça (f)	懒惰	lǎn duò
preguiçoso (adj)	懒惰的	lǎn duò de
preguiçoso (m)	懒人	lǎn rén
astúcia (f)	狡猾	jiǎo huá
astuto (adj)	狡猾的	jiǎo huá de
desconfiança (f)	不信任	bù xìn rèn
desconfiado (adj)	不信任的	bù xìn rèn de
generosidade (f)	慷慨	kāng kǎi
generoso (adj)	慷慨的	kāng kǎi de
talentoso (adj)	有才能的	yǒu cái néng de
talento (m)	才能	cái néng
corajoso (adj)	勇敢的	yǒng gǎn de
coragem (f)	勇敢	yǒng gǎn
honesto (adj)	诚实的	chéng shí de
honestidade (f)	诚实	chéng shí
prudente, cuidadoso (adj)	小心的	xiǎo xīn de
valoroso (adj)	无畏的	wú wèi de

| sério (adj) | 认真的 | rèn zhēn de |
| severo (adj) | 严格的 | yán gé de |

decidido (adj)	坚决的	jiān jué de
indeciso (adj)	优柔寡断的	yōu róu guǎ duàn de
tímido (adj)	羞怯的	xiū qiè de
timidez (f)	羞怯	xiū qiè

confiança (f)	信任	xìn rèn
confiar (vt)	信任	xìn rèn
crédulo (adj)	轻信的	qīng xìn de

sinceramente	真诚地	zhēn chéng de
sincero (adj)	真诚的	zhēn chéng de
sinceridade (f)	真诚	zhēn chéng
aberto (adj)	开朗的	kāi lǎng de

calmo (adj)	安静的	ān jìng de
franco (adj)	坦白的	tǎn bái de
ingênuo (adj)	天真的	tiān zhēn de
distraído (adj)	心不在焉的	xīn bú zài yān de
engraçado (adj)	可笑的	kě xiào de

ganância (f)	贪婪	tān lán
ganancioso (adj)	贪婪的	tān lán de
avarento, sovina (adj)	小气的	xiǎoqìde
mal (adj)	凶恶的	xiōng è de
teimoso (adj)	固执的	gù zhí de
desagradável (adj)	讨厌的	tǎo yàn de

egoísta (m)	自私的人	zì sī de rén
egoísta (adj)	自私的	zì sī de
covarde (m)	懦夫	nuò fū
covarde (adj)	怯懦地	qiè nuò de

60. O sono. Sonhos

dormir (vi)	睡觉	shuì jiào
sono (m)	睡眠	shuì mián
sonho (m)	梦	mèng
sonhar (ver sonhos)	做梦	zuò mèng
sonolento (adj)	瞌睡的	kē shuì de

cama (f)	床	chuáng
colchão (m)	床垫	chuáng diàn
cobertor (m)	羽绒被	yǔ róng bèi
travesseiro (m)	枕头	zhěn tou
lençol (m)	床单	chuáng dān

insônia (f)	失眠	shī mián
sem sono (adj)	失眠的	shī mián de
sonífero (m)	安眠药	ān mián yào
tomar um sonífero	服安眠药	fú ān mián yào
estar sonolento	感到困倦	gǎn dào kùn juàn

bocejar (vi)	打哈欠	dǎ hā qian
ir para a cama	去睡觉	qù shuì jiào
fazer a cama	铺床	pū chuáng
adormecer (vi)	睡着	shuì zháo

pesadelo (m)	噩梦	è mèng
ronco (m)	鼾声	hān shēng
roncar (vi)	打鼾	dǎ hān

despertador (m)	闹钟	nào zhōng
acordar, despertar (vt)	叫醒	jiào xǐng
acordar (vi)	醒来	xǐng lái
levantar-se (vr)	起床	qǐ chuáng
lavar-se (vr)	洗脸	xǐ liǎn

61. Humor. Riso. Alegria

humor (m)	幽默	yōu mò
senso (m) de humor	幽默感	yōu mò gǎn
divertir-se (vr)	乐趣	lè qù
alegre (adj)	欢乐的	huān lè de
diversão (f)	欢乐	huān lè

sorriso (m)	笑容	xiào róng
sorrir (vi)	微笑	wēi xiào
começar a rir	开始大笑	kāi shǐ dà xiào
rir (vi)	笑	xiào
riso (m)	笑	xiào

anedota (f)	趣闻	qù wén
engraçado (adj)	好笑的	hǎo xiào de
ridículo, cômico (adj)	可笑的	kě xiào de

brincar (vi)	开玩笑	kāi wán xiào
piada (f)	笑话	xiào huà
alegria (f)	欢欣	huān xīn
regozijar-se (vr)	高兴	gāo xìng
alegre (adj)	高兴的	gāo xìng de

62. Discussão, conversação. Parte 1

comunicação (f)	交往	jiāo wǎng
comunicar-se (vr)	沟通	gōu tōng

conversa (f)	谈话	tán huà
diálogo (m)	对话	duì huà
discussão (f)	讨论	tǎo lùn
debate (m)	争论	zhēng lùn
debater (vt)	争论	zhēng lùn

interlocutor (m)	对话者	duì huà zhě
tema (m)	话题	huà tí

ponto (m) de vista	观点	guān diǎn
opinião (f)	见解	jiàn jiě
discurso (m)	发言	fā yán

discussão (f)	谈论	tán lùn
discutir (vt)	讨论	tǎo lùn
conversa (f)	谈话	tán huà
conversar (vi)	谈话	tán huà
reunião (f)	会	huì
encontrar-se (vr)	见面	jiàn miàn

provérbio (m)	谚语	yàn yǔ
ditado, provérbio (m)	俗语	sú yǔ
adivinha (f)	谜语	mí yǔ
dizer uma adivinha	给 ⋯ 出谜语	gěi ... chū mí yǔ
senha (f)	口令	kǒu lìng
segredo (m)	秘密	mì mì

juramento (m)	誓言	shì yán
jurar (vi)	发誓	fā shì
promessa (f)	诺言	nuò yán
prometer (vt)	承诺	chéng nuò

conselho (m)	建议	jià nyì
aconselhar (vt)	建议	jià nyì
escutar (~ os conselhos)	听话	tīng huà

novidade, notícia (f)	新闻	xīn wén
sensação (f)	轰动	hōng dòng
informação (f)	消息	xiāo xi
conclusão (f)	结论	jié lùn
voz (f)	声音	shēng yīn
elogio (m)	恭维	gōng wei
amável, querido (adj)	慈祥的	cí xiáng de

palavra (f)	字，单词	zì, dāncí
frase (f)	短语	duǎn yǔ
resposta (f)	答案	dá àn

| verdade (f) | 实话 | shí huà |
| mentira (f) | 谎言 | huǎng yán |

| pensamento (m) | 念头 | niàn tou |
| fantasia (f) | 虚构 | xū gòu |

63. Discussão, conversação. Parte 2

estimado, respeitado (adj)	尊敬的	zūn jìng de
respeitar (vt)	尊敬	zūn jìng
respeito (m)	尊敬	zūn jìng
Estimado ..., Caro ...	亲爱的	qīn ài de

| conhecer (vt) | 相识 | xiāng shí |
| intenção (f) | 意向 | yì xiàng |

tencionar (~ fazer algo)	打算	dǎ suàn
desejo (de boa sorte)	祝愿	zhù yuàn
desejar (ex. ~ boa sorte)	祝	zhù
surpresa (f)	惊讶	jīng yà
surpreender (vt)	使惊讶	shǐ jīng yà
surpreender-se (vr)	吃惊	chī jīng
dar (vt)	给	gěi
pegar (tomar)	拿	ná
devolver (vt)	归还	guī huán
retornar (vt)	归还	guī huán
desculpar-se (vr)	道歉	dào qiàn
desculpa (f)	道歉	dào qiàn
perdoar (vt)	原谅	yuán liàng
falar (vi)	谈话	tán huà
escutar (vt)	听	tīng
ouvir até o fim	听完	tīng wán
entender (compreender)	明白	míng bai
mostrar (vt)	展示	zhǎn shì
olhar para ...	看	kàn
chamar (alguém para ...)	叫	jiào
perturbar (vt)	打扰	dǎ rǎo
entregar (~ em mãos)	递	dì
pedido (m)	请求	qǐng qiú
pedir (ex. ~ ajuda)	求	qiú
exigência (f)	要求	yāo qiú
exigir (vt)	要求	yāo qiú
insultar (chamar nomes)	戏弄	xì nòng
zombar (vt)	嘲笑	cháo xiào
zombaria (f)	笑柄	xiào bǐng
alcunha (f), apelido (m)	绰号	chuò hào
insinuação (f)	暗示	àn shì
insinuar (vt)	暗示	àn shì
querer dizer	意思	yì si
descrição (f)	描述	miáo shù
descrever (vt)	描写	miáo xiě
elogio (m)	称赞	chēng zàn
elogiar (vt)	称赞	chēng zàn
desapontamento (m)	失望	shī wàng
desapontar (vt)	使失望	shǐ shī wàng
desapontar-se (vr)	失望	shī wàng
suposição (f)	假设	jiǎ shè
supor (vt)	假设	jiǎ shè
advertência (f)	警告	jǐng gào
advertir (vt)	警告	jǐng gào

64. Discussão, conversação. Parte 3

convencer (vt)	说服	shuō fú
acalmar (vt)	使 … 放心	shǐ ... fàngxīn
silêncio (o ~ é de ouro)	沉默	chén mò
ficar em silêncio	沉默	chén mò
sussurrar (vt)	耳语	ěr yǔ
sussurro (m)	耳语	ěr yǔ
francamente	坦白地讲	tǎn bái de jiǎng
na minha opinião ...	在我看来	zài wǒ kànlai
detalhe (~ da história)	细节	xì jié
detalhado (adj)	详细的	xiáng xì de
detalhadamente	详细地	xiáng xì de
dica (f)	提示，暗示	tíshì, ànshì
dar uma dica	暗示	àn shì
olhar (m)	表情	biǎo qíng
dar uma olhada	看一看	kàn yī kàn
fixo (olhada ~a)	呆滞的眼光	dāizhìde yǎnguāng
piscar (vi)	眨	zhǎ
piscar (vt)	眨眼	zhǎ yǎn
acenar com a cabeça	点头	diǎn tóu
suspiro (m)	叹息	tàn xī
suspirar (vi)	叹气	tàn qì
estremecer (vi)	战栗	zhàn lì
gesto (m)	手势	shǒu shì
tocar (com as mãos)	摸	mō
agarrar (~ pelo braço)	抓住	zhuā zhù
bater de leve	轻拍	qīng pāi
Cuidado!	小心！	xiǎo xīn!
Sério?	真的？	zhēn de?
Boa sorte!	祝你好运！	zhù nǐ hǎo yùn!
Entendi!	明白了！	míng bai le!
Que pena!	可惜！	kě xī!

65. Acordo. Recusa

consentimento (~ mútuo)	同意	tóng yì
consentir (vi)	同意	tóng yì
aprovação (f)	批准	pī zhǔn
aprovar (vt)	批准	pī zhǔn
recusa (f)	拒绝	jù jué
negar-se a ...	拒绝	jù jué
Ótimo!	太好了	tài hǎo le
Tudo bem!	好吧！	hǎo ba!
Está bem! De acordo!	同意！	tóng yì!

proibido (adj)	被禁止的	bèi jìn zhǐ de
é proibido	不许	bù xǔ
é impossível	它是不可能的	tā shì bù kě néng de
incorreto (adj)	错的	cuò de

rejeitar (~ um pedido)	拒绝	jù jué
apoiar (vt)	支持	zhī chí
aceitar (desculpas, etc.)	接受	jiē shòu

confirmar (vt)	证明	zhèng míng
confirmação (f)	证明	zhèng míng
permissão (f)	允许	yǔn xǔ
permitir (vt)	允许	yǔn xǔ
decisão (f)	决定	jué dìng
não dizer nada	不作声	bù zuò shēng

condição (com uma ~)	条件	tiáo jiàn
pretexto (m)	借口	jiè kǒu
elogio (m)	称赞	chēng zàn
elogiar (vt)	称赞	chēng zàn

66. Sucesso. Boa sorte. Insucesso

êxito, sucesso (m)	成功	chéng gōng
com êxito	成功地	chéng gōng de
bem sucedido (adj)	成功的	chéng gōng de

sorte (fortuna)	幸运	xìng yùn
Boa sorte!	祝你好运！	zhù nǐ hǎo yùn!
de sorte	幸运的	xìng yùn de
sortudo, felizardo (adj)	成功的	chéng gōng de

fracasso (m)	失败	shī bài
pouca sorte (f)	失败	shī bài
azar (m), má sorte (f)	倒霉	dǎo méi
mal sucedido (adj)	不成功的	bù chéng gōng de
catástrofe (f)	大灾难	dà zāi nàn

orgulho (m)	自尊心	zì zūn xīn
orgulhoso (adj)	自豪的	zì háo de
estar orgulhoso, -a	自豪	zì háo
vencedor (m)	胜利者	shèng lì zhě
vencer (vi, vt)	赢，获胜	yíng, huò shèng
perder (vt)	输掉	shū diào
tentativa (f)	尝试	cháng shì
tentar (vt)	试图	shì tú
chance (m)	良机	liáng jī

67. Conflitos. Emoções negativas

| grito (m) | 喊声 | hǎn shēng |
| gritar (vi) | 叫喊 | jiào hǎn |

começar a gritar	喊叫起来	hǎn jiào qǐ lai
discussão (f)	吵架	chǎo jià
brigar (discutir)	吵架	chǎo jià
escândalo (m)	争吵	zhēng chǎo
criar escândalo	争吵	zhēng chǎo
conflito (m)	冲突	chōng tū
mal-entendido (m)	误解，曲解	wù jiě, qū jiě
insulto (m)	侮辱	wǔ rǔ
insultar (vt)	侮辱	wǔ rǔ
insultado (adj)	受辱的	shòu rǔ de
ofensa (f)	冒犯	mào fàn
ofender (vt)	得罪	dé zui
ofender-se (vr)	生气	shēng qì
indignação (f)	愤慨	fèn kǎi
indignar-se (vr)	气愤	qì fèn
queixa (f)	抱怨	bào yuàn
queixar-se (vr)	抱怨	bào yuàn
desculpa (f)	道歉	dào qiàn
desculpar-se (vr)	道歉	dào qiàn
pedir perdão	请原谅	qǐng yuán liàng
crítica (f)	批评	pī píng
criticar (vt)	批评	pī píng
acusação (f)	指责	zhǐ zé
acusar (vt)	指责	zhǐ zé
vingança (f)	报仇	bào chóu
vingar (vt)	报 … 之仇	bào … zhī chóu
vingar-se de	报复	bào fù
desprezo (m)	轻视	qīng shì
desprezar (vt)	看不起	kàn bu qǐ
ódio (m)	憎恨	zēng hèn
odiar (vt)	憎恨	zēng hèn
nervoso (adj)	紧张的	jǐn zhāng de
estar nervoso	紧张	jǐn zhāng
zangado (adj)	生气的	shēng qì de
zangar (vt)	使 … 生气	shǐ … shēng qì
humilhar (vt)	损害尊严	sǔnhài zūnyán
humilhar-se (vr)	损害自己的尊严	sǔnhài zìjǐ de zūnyán
choque (m)	震惊	zhèn jīng
chocar (vt)	使震惊	shǐ zhèn jīng
medo (m)	恐惧	kǒng jù
terrível (tempestade, etc.)	糟糕的	zāo gāo de
assustador (ex. história ~a)	可怕的	kě pà de
horror (m)	恐怖	kǒng bù
horrível (crime, etc.)	恐怖的	kǒng bù de
chorar (vi)	哭	kū
começar a chorar	开始哭	kāi shǐ kū

lágrima (f)	眼泪	yǎn lèi
falta (f)	过错	guò cuò
culpa (f)	负罪感	fù zuì gǎn
desonra (f)	羞辱	xiū rǔ
protesto (m)	抗议	kàng yì
estresse (m)	压力	yā lì
perturbar (vt)	打扰	dǎ rǎo
zangar-se com ...	生气	shēng qì
zangado (irritado)	生气的	shēng qì de
terminar (vt)	终止	zhōng zhǐ
praguejar	吵架	chǎo jià
assustar-se	害怕	hài pà
golpear (vt)	打，击	dǎ, jī
brigar (na rua, etc.)	打架	dǎ jià
resolver (o conflito)	解决	jiě jué
descontente (adj)	不满意的	bù mǎn yì de
furioso (adj)	暴怒的	bào nù de
Não está bem!	这样不好！	zhèyàng bùhǎo!
É ruim!	这样不好！	zhèyàng bùhǎo!

Medicina

68. Doenças

doença (f)	病	bìng
estar doente	生病	shēng bìng
saúde (f)	健康	jiàn kāng
nariz (m) escorrendo	流鼻涕	liú bí tì
amigdalite (f)	扁桃体炎	biǎn táo tǐ yán
resfriado (m)	感冒	gǎn mào
ficar resfriado	感冒	gǎn mào
bronquite (f)	支气管炎	zhī qì guǎn yán
pneumonia (f)	肺炎	fèi yán
gripe (f)	流感	liú gǎn
míope (adj)	近视的	jìn shì de
presbita (adj)	远视的	yuǎn shì de
estrabismo (m)	斜眼	xié yǎn
estrábico, vesgo (adj)	对眼的	duì yǎn de
catarata (f)	白内障	bái nèi zhàng
glaucoma (m)	青光眼	qīng guāng yǎn
AVC (m), apoplexia (f)	中风	zhòng fēng
ataque (m) cardíaco	梗塞	gěng sè
enfarte (m) do miocárdio	心肌梗塞	xīn jī gěng sè
paralisia (f)	麻痹	má bì
paralisar (vt)	使 ··· 麻痹	shǐ ... má bì
alergia (f)	过敏	guò mǐn
asma (f)	哮喘	xiāo chuǎn
diabetes (f)	糖尿病	táng niào bìng
dor (f) de dente	牙痛	yá tòng
cárie (f)	龋齿	qǔ chǐ
diarreia (f)	腹泻	fù xiè
prisão (f) de ventre	便秘	biàn bì
desarranjo (m) intestinal	饮食失调	yǐn shí shī tiáo
intoxicação (f) alimentar	食物中毒	shí wù zhòng dú
intoxicar-se	中毒	zhòng dú
artrite (f)	关节炎	guān jié yán
raquitismo (m)	佝偻病	kòu lóu bìng
reumatismo (m)	风湿	fēng shī
arteriosclerose (f)	动脉粥样硬化	dòng mài zhōu yàng yìng huà
gastrite (f)	胃炎	wèi yán
apendicite (f)	阑尾炎	lán wěi yán

colecistite (f)	胆囊炎	dǎn nán gyán
úlcera (f)	溃疡	kuì yáng
sarampo (m)	麻疹	má zhěn
rubéola (f)	风疹	fēng zhěn
icterícia (f)	黄疸	huáng dǎn
hepatite (f)	肝炎	gān yán
esquizofrenia (f)	精神分裂 症	jīngshen fēnliè zhèng
raiva (f)	狂犬病	kuáng quǎn bìng
neurose (f)	神经症	shén jīng zhèng
contusão (f) cerebral	脑震荡	nǎo zhèn dàng
câncer (m)	癌症	ái zhèng
esclerose (f)	硬化	yìng huà
esclerose (f) múltipla	多发性硬化症	duō fā xìng yìng huà zhèng
alcoolismo (m)	酗酒	xù jiǔ
alcoólico (m)	酗酒者	xù jiǔ zhě
sífilis (f)	梅毒	méi dú
AIDS (f)	艾滋病	ài zī bìng
tumor (m)	肿瘤	zhǒng liú
febre (f)	发烧	fā shāo
malária (f)	疟疾	nuè ji
gangrena (f)	坏疽	huài jū
enjoo (m)	晕船	yùn chuán
epilepsia (f)	癫痫	diān xián
epidemia (f)	流行病	liú xíng bìng
tifo (m)	斑疹伤寒	bān zhěn shāng hán
tuberculose (f)	结核病	jié hé bìng
cólera (f)	霍乱	huò luàn
peste (f) bubônica	瘟疫	wēn yì

69. Sintomas. Tratamentos. Parte 1

sintoma (m)	症状	zhèng zhuàng
temperatura (f)	体温	tǐ wēn
febre (f)	发热	fā rè
pulso (m)	脉搏	mài bó
vertigem (f)	眩晕	xuàn yùn
quente (testa, etc.)	热	rè
calafrio (m)	颤抖	chàn dǒu
pálido (adj)	苍白的	cāng bái de
tosse (f)	咳嗽	ké sou
tossir (vi)	咳，咳嗽	ké, ké sou
espirrar (vi)	打喷嚏	dǎ pēn tì
desmaio (m)	晕倒	yūn dǎo
desmaiar (vi)	晕倒	yūn dǎo
mancha (f) preta	青伤痕	qīng shāng hén
galo (m)	包	bāo

machucar-se (vr)	擦伤	cā shāng
contusão (f)	擦伤	cā shāng
machucar-se (vr)	瘀伤	yū shāng

mancar (vi)	跛行	bǒ xíng
deslocamento (f)	脱位	tuō wèi
deslocar (vt)	使 ··· 脱位	shǐ ... tuō wèi
fratura (f)	骨折	gǔ zhé
fraturar (vt)	弄骨折	nòng gǔzhé

corte (m)	伤口	shāng kǒu
cortar-se (vr)	割破	gē pò
hemorragia (f)	流血	liú xuè

| queimadura (f) | 烧伤 | shāo shāng |
| queimar-se (vr) | 烧伤 | shāo shāng |

picar (vt)	扎破	zhā pò
picar-se (vr)	扎伤	zhā shāng
lesionar (vt)	损伤	sǔn shāng
lesão (m)	损伤	sǔn shāng
ferida (f), ferimento (m)	伤口	shāng kǒu
trauma (m)	外伤	wài shāng

delirar (vi)	说胡话	shuō hú huà
gaguejar (vi)	口吃	kǒu chī
insolação (f)	中暑	zhòng shǔ

70. Sintomas. Tratamentos. Parte 2

| dor (f) | 痛 | tòng |
| farpa (no dedo, etc.) | 木刺 | mù cì |

suor (m)	汗	hàn
suar (vi)	出汗	chū hàn
vômito (m)	呕吐	ǒu tù
convulsões (f pl)	抽搐	chōu chù

grávida (adj)	怀孕的	huái yùn de
nascer (vi)	出生	chū shēng
parto (m)	生产，分娩	shēngchǎn, fēnmiǎn
dar à luz	生，分娩	shēng, fēnmiǎn
aborto (m)	人工流产	rén gōng liú chǎn

respiração (f)	呼吸	hū xī
inspiração (f)	吸	xī
expiração (f)	呼气	hū qì
expirar (vi)	呼出	hū chū
inspirar (vi)	吸入	xī rù

inválido (m)	残疾人	cán jí rén
aleijado (m)	残疾人	cán jí rén
drogado (m)	吸毒者	xī dú zhě
surdo (adj)	聋的	lóng de

mudo (adj)	哑的	yǎ de
surdo-mudo (adj)	聋哑的	lóng yǎ de
louco, insano (adj)	精神失常的	jīngshen shī cháng de
louco (m)	疯子	fēng zi
louca (f)	疯子	fēng zi
ficar louco	发疯	fā fēng
gene (m)	基因	jī yīn
imunidade (f)	免疫力	miǎn yì lì
hereditário (adj)	遗传的	yí chuán de
congênito (adj)	天生的	tiān shēng de
vírus (m)	病毒	bìng dú
micróbio (m)	微生物	wēi shēng wù
bactéria (f)	细菌	xì jūn
infecção (f)	传染	chuán rǎn

71. Sintomas. Tratamentos. Parte 3

hospital (m)	医院	yī yuàn
paciente (m)	病人	bìng rén
diagnóstico (m)	诊断	zhěn duàn
cura (f)	治疗	zhì liáo
tratamento (m) médico	治疗	zhì liáo
curar-se (vr)	治病	zhì bìng
tratar (vt)	治疗	zhì liáo
cuidar (pessoa)	看护	kān hù
cuidado (m)	护理	hùlǐ
operação (f)	手术	shǒu shù
enfaixar (vt)	用绷带包扎	yòng bēngdài bāozā
enfaixamento (m)	绷带法	bēngdài fǎ
vacinação (f)	疫苗	yìmiáo
vacinar (vt)	给 … 接种疫苗	gěi … jiē zhòng yì miáo
injeção (f)	注射	zhù shè
dar uma injeção	打针	dǎ zhēn
ataque (~ de asma, etc.)	发作	fāzuò
amputação (f)	截肢	jié zhī
amputar (vt)	截肢	jié zhī
coma (f)	昏迷	hūn mí
estar em coma	昏迷	hūn mí
reanimação (f)	重症监护室	zhòng zhēng jiàn hù shì
recuperar-se (vr)	复原	fù yuán
estado (~ de saúde)	状态	zhuàng tài
consciência (perder a ~)	知觉	zhī jué
memória (f)	记忆力	jì yì lì
tirar (vt)	拔牙	bá yá
obturação (f)	补牙	bǔ yá

obturar (vt)	补牙	bǔ yá
hipnose (f)	催眠	cuī mián
hipnotizar (vt)	催眠	cuī mián

72. Médicos

médico (m)	医生	yīshēng
enfermeira (f)	护士	hù shi
médico (m) pessoal	私人医生	sī rén yīshēng
dentista (m)	牙科医生	yá kē yīshēng
oculista (m)	眼科医生	yǎn kē yīshēng
terapeuta (m)	内科医生	nèi kē yīshēng
cirurgião (m)	外科医生	wài kē yīshēng
psiquiatra (m)	精神病医生	jīng shén bìng yīshēng
pediatra (m)	儿科医生	ér kē yīshēng
psicólogo (m)	心理学家	xīn lǐ xué jiā
ginecologista (m)	妇科医生	fù kē yīshēng
cardiologista (m)	心脏病专家	xīn zàng bìng zhuān jiā

73. Medicina. Drogas. Acessórios

medicamento (m)	药	yào
remédio (m)	药剂	yào jì
receitar (vt)	开药方	kāi yào fāng
receita (f)	药方	yào fāng
comprimido (m)	药片	yào piàn
unguento (m)	药膏	yào gāo
ampola (f)	安瓿	ān bù
solução, preparado (m)	药水	yào shuǐ
xarope (m)	糖浆	táng jiāng
cápsula (f)	药丸	yào wán
pó (m)	药粉	yào fěn
atadura (f)	绷带	bēngdài
algodão (m)	药棉	yào mián
iodo (m)	碘酒	diǎn jiǔ
curativo (m) adesivo	橡皮膏	xiàng pí gāo
conta-gotas (m)	滴管	dī guǎn
termômetro (m)	体温表	tǐ wēn biǎo
seringa (f)	注射器	zhù shè qì
cadeira (f) de rodas	轮椅	lú nyǐ
muletas (f pl)	拐杖	guǎi zhàng
analgésico (m)	止痛药	zhǐ tòng yào
laxante (m)	泻药	xiè yào
álcool (m)	酒精	jiǔ jīng
ervas (f pl) medicinais	药草	yào cǎo
de ervas (chá ~)	草药的	cǎo yào de

74. Fumar. Produtos tabágicos

tabaco (m)	烟叶	yān yè
cigarro (m)	香烟	xiāng yān
charuto (m)	雪茄烟	xuě jiā yān
cachimbo (m)	烟斗	yān dǒu
maço (~ de cigarros)	包，盒	bāo, hé
fósforos (m pl)	火柴	huǒ chái
caixa (f) de fósforos	火柴盒	huǒ chái hé
isqueiro (m)	打火机	dǎ huǒ jī
cinzeiro (m)	烟灰缸	yān huī gāng
cigarreira (f)	烟盒	yān hé
piteira (f)	香烟烟嘴	xiāng yān yān zuǐ
filtro (m)	滤嘴	lǜ zuǐ
fumar (vi, vt)	抽烟	chōu yān
acender um cigarro	点根烟	diǎn gēn yān
tabagismo (m)	吸烟	xī yān
fumante (m)	吸烟者	xī yān zhě
bituca (f)	烟头	yān tóu
fumaça (f)	烟	yān
cinza (f)	烟灰	yān huī

HABITAT HUMANO

Cidade

75. Cidade. Vida na cidade

cidade (f)	城市	chéng shì
capital (f)	首都	shǒu dū
aldeia (f)	村庄	cūn zhuāng
mapa (m) da cidade	城市地图	chéng shì dìtú
centro (m) da cidade	城市中心	chéng shì zhōngxīn
subúrbio (m)	郊区	jiāo qū
suburbano (adj)	郊区的	jiāo qū de
periferia (f)	郊区	jiāo qū
arredores (m pl)	周围地区	zhōuwéi dì qū
quarteirão (m)	街区	jiē qū
quarteirão (m) residencial	住宅区	zhù zhái qū
tráfego (m)	交通	jiāo tōng
semáforo (m)	红绿灯	hóng lǜ dēng
transporte (m) público	公共交通	gōng gòng jiāo tōng
cruzamento (m)	十字路口	shí zì lù kǒu
faixa (f)	人行横道	rén xíng héng dào
túnel (m) subterrâneo	人行地道	rén xíng dìdào
cruzar, atravessar (vt)	穿马路	chuān mǎ lù
pedestre (m)	行人	xíng rén
calçada (f)	人行道	rén xíng dào
ponte (f)	桥	qiáo
margem (f) do rio	堤岸	dī àn
fonte (f)	喷泉	pēn quán
alameda (f)	小巷	xiǎo xiàng
parque (m)	公园	gōng yuán
bulevar (m)	林荫大道	lín yìn dàdào
praça (f)	广场	guǎng chǎng
avenida (f)	大街	dàjiē
rua (f)	路	lù
travessa (f)	胡同	hú tòng
beco (m) sem saída	死胡同	sǐ hú tòng
casa (f)	房子	fáng zi
edifício, prédio (m)	楼房，大厦	lóufáng, dàshà
arranha-céu (m)	摩天大楼	mó tiān dà lóu
fachada (f)	正面	zhèng miàn
telhado (m)	房顶	fáng dǐng

janela (f)	窗户	chuāng hu
arco (m)	拱门	gǒng mén
coluna (f)	柱	zhù
esquina (f)	拐角	guǎi jiǎo

vitrine (f)	商店橱窗	shāng diàn chú chuāng
letreiro (m)	招牌	zhāo pái
cartaz (do filme, etc.)	海报	hǎi bào
cartaz (m) publicitário	广告画	guǎnggào huà
painel (m) publicitário	广告牌	guǎnggào pái

lixo (m)	垃圾	lā jī
lata (f) de lixo	垃圾桶	lā jī tǒng
jogar lixo na rua	乱扔	luàn rēng
aterro (m) sanitário	垃圾堆	lājī duī

orelhão (m)	电话亭	diàn huà tíng
poste (m) de luz	路灯	lù dēng
banco (m)	长椅	chángyǐ

polícia (m)	警察	jǐng chá
polícia (instituição)	警察	jǐng chá
mendigo, pedinte (m)	乞丐	qǐgài

76. Instituições urbanas

loja (f)	商店	shāng diàn
drogaria (f)	药房	yào fáng
ótica (f)	眼镜店	yǎn jìng diàn
centro (m) comercial	百货商店	bǎihuò shāngdiàn
supermercado (m)	超市	chāo shì

padaria (f)	面包店	miànbāo diàn
padeiro (m)	面包师	miànbāo shī
pastelaria (f)	糖果店	tángguǒ diàn
açougue (m)	肉铺	ròu pù

| fruteira (f) | 水果店 | shuǐ guǒ diàn |
| mercado (m) | 市场 | shì chǎng |

cafeteria (f)	咖啡馆	kāfēi guǎn
restaurante (m)	饭馆	fàn guǎn
bar (m)	酒吧	jiǔ bā
pizzaria (f)	比萨饼店	bǐ sà bǐng diàn

salão (m) de cabeleireiro	理发店	lǐ fà diàn
agência (f) dos correios	邮局	yóu jú
lavanderia (f)	干洗店	gān xǐ diàn
estúdio (m) fotográfico	照相馆	zhào xiàng guǎn

sapataria (f)	鞋店	xié diàn
livraria (f)	书店	shū diàn
loja (f) de artigos esportivos	体育用品店	tǐ yù yòng pǐn diàn
costureira (m)	修衣服店	xiū yī fu diàn

aluguel (m) de roupa	服装出租	fú zhuāng chū zū
videolocadora (f)	DVD出租店	diwidi chūzūdiàn
circo (m)	马戏团	mǎ xì tuán
jardim (m) zoológico	动物园	dòng wù yuán
cinema (m)	电影院	diànyǐng yuàn
museu (m)	博物馆	bó wù guǎn
biblioteca (f)	图书馆	tú shū guǎn
teatro (m)	剧院	jù yuàn
ópera (f)	歌剧院	gē jù yuàn
boate (casa noturna)	夜总会	yè zǒng huì
cassino (m)	赌场	dǔ chǎng
mesquita (f)	清真寺	qīng zhēn sì
sinagoga (f)	犹太教堂	yóu tài jiào táng
catedral (f)	大教堂	dà jiào táng
templo (m)	庙宇，教堂	miào yǔ, jiào táng
igreja (f)	教堂	jiào táng
faculdade (f)	学院	xué yuàn
universidade (f)	大学	dà xué
escola (f)	学校	xué xiào
câmara (f) municipal	市政厅	shì zhèng tīng
hotel (m)	酒店	jiǔ diàn
banco (m)	银行	yín háng
embaixada (f)	大使馆	dà shǐ guǎn
agência (f) de viagens	旅行社	lǚ xíng shè
agência (f) de informações	问询处	wèn xún chù
casa (f) de câmbio	货币兑换处	huòbì duì huàn chù
metrô (m)	地铁	dì tiě
hospital (m)	医院	yī yuàn
posto (m) de gasolina	加油站	jiā yóu zhàn
parque (m) de estacionamento	停车场	tíng chē cháng

77. Transportes urbanos

ônibus (m)	公共汽车	gōnggòng qìchē
bonde (m) elétrico	电车	diànchē
trólebus (m)	无轨电车	wúguǐ diànchē
rota (f), itinerário (m)	路线	lù xiàn
número (m)	号	hào
ir de ... (carro, etc.)	··· 去	... qù
entrar no ...	上车	shàng chē
descer do ...	下车	xià chē
parada (f)	车站	chē zhàn
próxima parada (f)	下一站	xià yī zhàn
terminal (m)	终点站	zhōng diǎn zhàn

| horário (m) | 时刻表 | shí kè biǎo |
| esperar (vt) | 等 | děng |

| passagem (f) | 票 | piào |
| tarifa (f) | 票价 | piào jià |

bilheteiro (m)	出纳	chū nà
controle (m) de passagens	查验车票	chá yàn chē piào
revisor (m)	售票员	shòu piào yuán

atrasar-se (vr)	误点	wù diǎn
perder (o autocarro, etc.)	未赶上	wèi gǎn shàng
estar com pressa	急忙	jí máng

táxi (m)	出租车	chūzūchē
taxista (m)	出租车司机	chūzūchē sī jī
de táxi (ir ~)	乘出租车	chéng chūzūchē
ponto (m) de táxis	出租车站	chūzūchē zhàn
chamar um táxi	叫计程车	jiào jì chéng chē
pegar um táxi	乘出租车	chéng chūzūchē

tráfego (m)	交通	jiāo tōng
engarrafamento (m)	堵车	dǔ chē
horas (f pl) de pico	高峰 时间	gāo fēng shí jiān
estacionar (vi)	停放	tíng fàng
estacionar (vt)	停放	tíng fàng
parque (m) de estacionamento	停车场	tíng chē cháng

metrô (m)	地铁	dì tiě
estação (f)	站	zhàn
ir de metrô	坐地铁	zuò dì tiě
trem (m)	火车	huǒ chē
estação (f) de trem	火车站	huǒ chē zhàn

78. Turismo

monumento (m)	纪念像	jì niàn xiàng
fortaleza (f)	堡垒	bǎo lěi
palácio (m)	宫殿	gōng diàn
castelo (m)	城堡	chéng bǎo
torre (f)	塔	tǎ
mausoléu (m)	陵墓	líng mù

arquitetura (f)	建筑	jiàn zhù
medieval (adj)	中世纪的	zhōng shì jì de
antigo (adj)	古老的	gǔ lǎo de
nacional (adj)	国家，国民	guó jiā, guó mín
famoso, conhecido (adj)	有名的	yǒu míng de

turista (m)	旅行者	lǚ xíng zhě
guia (pessoa)	导游	dǎo yóu
excursão (f)	游览	yóu lǎn
mostrar (vt)	把 … 给 … 看	bǎ … gěi … kàn
contar (vt)	讲	jiǎng

encontrar (vt)	找到	zhǎo dào
perder-se (vr)	迷路	mí lù
mapa (~ do metrô)	地图	dì tú
mapa (~ da cidade)	地图	dì tú
lembrança (f), presente (m)	纪念品	jì niàn pǐn
loja (f) de presentes	礼品店	lǐ pǐn diàn
tirar fotos, fotografar	拍照	pāi zhào
fotografar-se (vr)	拍照	pāi zhào

79. Compras

comprar (vt)	买，购买	mǎi, gòu mǎi
compra (f)	购买	gòu mǎi
fazer compras	去买东西	qù mǎi dōng xi
compras (f pl)	购物	gòu wù
estar aberta (loja)	营业	yíng yè
estar fechada	关门	guān mén
calçado (m)	鞋类	xié lèi
roupa (f)	服装	fú zhuāng
cosméticos (m pl)	化妆品	huà zhuāng pǐn
alimentos (m pl)	食品	shí pǐn
presente (m)	礼物	lǐ wù
vendedor (m)	售货员	shòu huò yuán
vendedora (f)	女售货员	nǚ shòuhuò yuán
caixa (f)	收银台	shōu yín tái
espelho (m)	镜子	jìng zi
balcão (m)	柜台	guì tái
provador (m)	试衣间	shì yī jiān
provar (vt)	试穿	shì chuān
servir (roupa, caber)	合适	hé shì
gostar (apreciar)	喜欢	xǐ huan
preço (m)	价格	jià gé
etiqueta (f) de preço	价格标签	jià gé biāo qiān
custar (vt)	价钱为	jià qian wèi
Quanto?	多少钱？	duōshao qián?
desconto (m)	折扣	zhé kòu
não caro (adj)	不贵的	bù guì de
barato (adj)	便宜的	pián yi de
caro (adj)	贵的	guì de
É caro	这个太贵	zhège tàiguì
aluguel (m)	出租	chū zū
alugar (roupas, etc.)	租用	zū yòng
crédito (m)	赊购	shē gòu
a crédito	赊欠	shē qiàn

80. Dinheiro

dinheiro (m)	钱，货币	qián, huòbì
câmbio (m)	兑换	duì huàn
taxa (f) de câmbio	汇率	huì lǜ
caixa (m) eletrônico	自动取款机	zì dòng qǔ kuǎn jī
moeda (f)	硬币	yìngbì

| dólar (m) | 美元 | měi yuán |
| euro (m) | 欧元 | ōu yuán |

lira (f)	里拉	lǐ lā
marco (m)	德国马克	dé guó mǎ kè
franco (m)	法郎	fǎ láng
libra (f) esterlina	英镑	yīng bàng
iene (m)	日元	rì yuán

dívida (f)	债务	zhài wù
devedor (m)	债务人	zhài wù rén
emprestar (vt)	借给	jiè gěi
pedir emprestado	借	jiè

banco (m)	银行	yín háng
conta (f)	账户	zhànghù
depositar na conta	存款	cún kuǎn
sacar (vt)	提取	tí qǔ

cartão (m) de crédito	信用卡	xìn yòng kǎ
dinheiro (m) vivo	现金	xiàn jīn
cheque (m)	支票	zhī piào
passar um cheque	开支票	kāi zhī piào
talão (m) de cheques	支票本	zhīpiào běn

carteira (f)	钱包	qián bāo
niqueleira (f)	零钱包	líng qián bāo
cofre (m)	保险柜	bǎo xiǎn guì

herdeiro (m)	继承人	jì chéng rén
herança (f)	遗产	yí chǎn
fortuna (riqueza)	财产，财富	cáichǎn, cáifù

arrendamento (m)	租赁	zū lìn
aluguel (pagar o ~)	租金	zū jīn
alugar (vt)	租房	zū fáng

preço (m)	价格	jià gé
custo (m)	价钱	jià qian
soma (f)	金额	jīn é

gastar (vt)	花	huā
gastos (m pl)	花费	huā fèi
economizar (vi)	节省	jié shěng
econômico (adj)	节约的	jié yuē de
pagar (vt)	付，支付	fù, zhī fù
pagamento (m)	酬金	chóu jīn

troco (m)	零钱	líng qián
imposto (m)	税，税款	shuì, shuì kuǎn
multa (f)	罚款	fá kuǎn
multar (vt)	罚款	fá kuǎn

81. Correios. Serviço postal

agência (f) dos correios	邮局	yóu jú
correio (m)	邮件	yóu jiàn
carteiro (m)	邮递员	yóu dì yuán
horário (m)	营业时间	yíng yè shí jiān

carta (f)	信，信函	xìn, xìn hán
carta (f) registada	挂号信	guà hào xìn
cartão (m) postal	明信片	míng xìn piàn
telegrama (m)	电报	diàn bào
encomenda (f)	包裹，邮包	bāo guǒ, yóu bāo
transferência (f) de dinheiro	汇款资讯	huì kuǎn zī xùn

receber (vt)	收到	shōu dào
enviar (vt)	寄	jì
envio (m)	发信	fā xìn

endereço (m)	地址	dì zhǐ
código (m) postal	邮编	yóu biān
remetente (m)	发信人	fā xìn rén
destinatário (m)	收信人	shōu xìn rén

nome (m)	名字	míng zi
sobrenome (m)	姓	xìng

tarifa (f)	费率	fèi lǜ
ordinário (adj)	普通	pǔ tōng
econômico (adj)	经济的	jīng jì de

peso (m)	重量	zhòng liàng
pesar (estabelecer o peso)	称重	chēng zhòng
envelope (m)	信封	xìn fēng
selo (m) postal	邮票	yóu piào

Moradia. Casa. Lar

82. Casa. Habitação

casa (f)	房屋	fáng wū
em casa	在家	zài jiā
pátio (m), quintal (f)	院子	yuàn zi
cerca, grade (f)	围栏	wéi lán

tijolo (m)	砖	zhuān
de tijolos	砖的	zhuān de
pedra (f)	石头，石料	shí tou, shí liào
de pedra	石制的	shí zhì de
concreto (m)	混凝土	hùn níng tǔ
concreto (adj)	混凝土的	hùn níng tǔ de

novo (adj)	新的	xīn de
velho (adj)	旧的	jiù de
decrépito (adj)	破旧的	pò jiù de
moderno (adj)	当代的	dāng dài de
de vários andares	多层的	duō céng de
alto (adj)	高的	gāo de

| andar (m) | 层，楼层 | céng, lóu céng |
| de um andar | 单层 | dān céng |

| térreo (m) | 底层 | dǐ céng |
| andar (m) de cima | 顶楼 | dǐng lóu |

| telhado (m) | 房顶 | fáng dǐng |
| chaminé (f) | 烟囱 | yān cōng |

telha (f)	瓦	wǎ
de telha	瓦的	wǎde
sótão (m)	阁楼，顶楼	gé lóu, dǐng lóu

| janela (f) | 窗户 | chuāng hu |
| vidro (m) | 玻璃 | bō li |

| parapeito (m) | 窗台 | chuāng tái |
| persianas (f pl) | 护窗板 | hù chuāng bǎn |

parede (f)	墙	qiáng
varanda (f)	阳台	yáng tái
calha (f)	排水管	pái shuǐ guǎn

em cima	在楼上	zài lóu shàng
subir (vi)	上楼去	shàng lóu qù
descer (vi)	下来	xià lai
mudar-se (vr)	搬家	bān jiā

83. Casa. Entrada. Elevador

entrada (f)	门口	mén kŏu
escada (f)	楼梯	lóu tī
degraus (m pl)	阶梯	jiē tī
corrimão (m)	栏杆	lán gān
hall (m) de entrada	大厅	dà tīng
caixa (f) de correio	邮箱	yóu xiāng
lata (f) do lixo	垃圾桶	lā jī tŏng
calha (f) de lixo	垃圾道	lā jī dào
elevador (m)	电梯	diàn tī
elevador (m) de carga	货物电梯	huòwù diàntī
cabine (f)	电梯厢	diàn tī xiāng
pegar o elevador	乘电梯	chéng diàntī
apartamento (m)	公寓	gōng yù
residentes (pl)	承租人	chéng zū rén
vizinho (m)	邻居	lín jū
vizinha (f)	邻居	lín jū
vizinhos (pl)	邻居们	lín jū men

84. Casa. Portas. Fechaduras

porta (f)	门	mén
portão (m)	大门	dà mén
maçaneta (f)	门把	mén bà
destrancar (vt)	开锁	kāi suŏ
abrir (vt)	开	kāi
fechar (vt)	关	guān
chave (f)	钥匙	yào shi
molho (m)	一串	yī chuàn
ranger (vi)	嘎吱作响	gá zī zuò xiăng
rangido (m)	嘎吱作响	gá zī zuò xiăng
dobradiça (f)	合页	hé yè
capacho (m)	门口地垫	mén kŏu de diàn
fechadura (f)	门锁	mén suŏ
buraco (m) da fechadura	锁孔	suŏ kŏng
barra (f)	门闩	mén shuān
fecho (ferrolho pequeno)	小闩	xiăo shuān
cadeado (m)	挂锁	guà suŏ
tocar (vt)	按门铃	àn mén líng
toque (m)	铃声	líng shēng
campainha (f)	门铃	mén líng
botão (m)	按钮	àn niŭ
batida (f)	敲门声	qiāo mén shēng
bater (vi)	敲 门	qiāo mén
código (m)	密码	mì mă
fechadura (f) de código	密码锁	mì mă suŏ

interfone (m)	门口对讲机	mén kǒu duì jiǎng jī
número (m)	号	hào
placa (f) de porta	门牌	mén pái
olho (m) mágico	门镜	mén jìng

85. Casa de campo

aldeia (f)	村庄	cūn zhuāng
horta (f)	菜圃	cài pǔ
cerca (f)	栅栏	zhà lan
cerca (f) de piquete	栅栏	zhà lan
portão (f) do jardim	小门	xiǎo mén
celeiro (m)	粮仓	liáng cāng
adega (f)	地窖	dì jiào
galpão, barracão (m)	棚子	péng zi
poço (m)	水井	shuǐ jǐng
fogão (m)	火炉	huǒ lú
atiçar o fogo	生炉子	shēng lú zi
lenha (carvão ou ~)	木柴	mù chái
acha, lenha (f)	柴火	chái huǒ
varanda (f)	凉台	liáng tái
alpendre (m)	露台	lù tái
degraus (m pl) de entrada	门台阶	mén tái jiē
balanço (m)	秋千	qiū qiān

86. Castelo. Palácio

castelo (m)	城堡	chéng bǎo
palácio (m)	宫殿	gōng diàn
fortaleza (f)	堡垒	**bǎo lěi**
muralha (f)	城墙	chéng qiáng
torre (f)	塔	tǎ
calabouço (m)	城楼	chéng lóu
grade (f) levadiça	吊闸	diào zhá
passagem (f) subterrânea	地下通道	dìxia tōng dào
fosso (m)	护城河	hù chéng hé
corrente, cadeia (f)	链	liàn
seteira (f)	箭头狭缝	jiàn tóu xiá fèng
magnífico (adj)	宏伟的	hóng wěi de
majestoso (adj)	雄伟的	xióng wěi de
inexpugnável (adj)	固若金汤的	gù ruò jīn tāng de
medieval (adj)	中世纪的	zhōng shì jì de

87. Apartamento

apartamento (m)	公寓	gōng yù
quarto, cômodo (m)	房间	fáng jiān
quarto (m) de dormir	卧室	wòshì
sala (f) de jantar	餐厅	cān tīng
sala (f) de estar	客厅	kè tīng
escritório (m)	书房	shū fáng
sala (f) de entrada	入口空间	rù kǒu kōng jiān
banheiro (m)	浴室	yù shì
lavabo (m)	卫生间	wèi shēng jiān
teto (m)	天花板	tiān huā bǎn
chão, piso (m)	地板	dì bǎn
canto (m)	墙角	qiáng jiǎo

88. Apartamento. Limpeza

arrumar, limpar (vt)	打扫	dǎ sǎo
guardar (no armário, etc.)	收好	shōu hǎo
pó (m)	灰尘	huī chén
empoeirado (adj)	灰尘多的	huī chén duō de
tirar o pó	打扫灰尘	dǎsǎo huī chén
aspirador (m)	吸尘器	xī chén qì
aspirar (vt)	用吸尘器打扫	yòng xīchénqì dǎ sǎo
varrer (vt)	打扫	dǎ sǎo
sujeira (f)	垃圾	lā jī
arrumação, ordem (f)	整齐	zhěng qí
desordem (f)	混乱	hùn luàn
esfregão (m)	拖把	tuō bǎ
pano (m), trapo (m)	拭尘布	shì chén bù
vassoura (f)	扫帚	sào zhǒu
pá (f) de lixo	簸箕	bò ji

89. Mobiliário. Interior

mobiliário (m)	家具	jiā jù
mesa (f)	桌子	zhuō zi
cadeira (f)	椅子	yǐ zi
cama (f)	床	chuáng
sofá, divã (m)	沙发	shā fā
poltrona (f)	扶手椅	fú shǒu yǐ
estante (f)	书橱	shū chú
prateleira (f)	书架	shū jià
guarda-roupas (m)	衣柜	yī guì
cabide (m) de parede	墙衣帽架	qiáng yī mào jià

cabideiro (m) de pé	衣帽架	yī mào jià
cômoda (f)	五斗柜	wǔ dǒu guì
mesinha (f) de centro	茶几	chá jī
espelho (m)	镜子	jìng zi
tapete (m)	地毯	dìtǎn
tapete (m) pequeno	小地毯	xiǎo dìtǎn
lareira (f)	壁炉	bì lú
vela (f)	蜡烛	là zhú
castiçal (m)	烛台	zhútái
cortinas (f pl)	窗帘	chuāng lián
papel (m) de parede	墙纸	qiáng zhǐ
persianas (f pl)	百叶窗	bǎi yè chuāng
luminária (f) de mesa	台灯	tái dēng
luminária (f) de parede	灯	dēng
abajur (m) de pé	落地灯	luò dì dēng
lustre (m)	枝形吊灯	zhī xíng diào dēng
pé (de mesa, etc.)	腿	tuǐ
braço, descanso (m)	扶手	fú shou
costas (f pl)	靠背	kào bèi
gaveta (f)	抽屉	chōu tì

90. Quarto de dormir

roupa (f) de cama	铺盖	pū gài
travesseiro (m)	枕头	zhěn tou
fronha (f)	枕套	zhěn tào
cobertor (m)	羽绒被	yǔ róng bèi
lençol (m)	床单	chuáng dān
colcha (f)	床罩	chuáng zhào

91. Cozinha

cozinha (f)	厨房	chú fáng
gás (m)	煤气	méi qì
fogão (m) a gás	煤气炉	méi qì lú
fogão (m) elétrico	电炉	diàn lú
forno (m)	烤箱	kǎo xiāng
forno (m) de micro-ondas	微波炉	wēi bō lú
geladeira (f)	冰箱	bīng xiāng
congelador (m)	冷冻室	lěng dòng shì
máquina (f) de lavar louça	洗碗机	xǐ wǎn jī
moedor (m) de carne	绞肉机	jiǎo ròu jī
espremedor (m)	榨汁机	zhà zhī jī
torradeira (f)	烤面包机	kǎo miàn bāo jī
batedeira (f)	搅拌机	jiǎo bàn jī

máquina (f) de café	咖啡机	kāfēi jī
cafeteira (f)	咖啡壶	kāfēi hú
moedor (m) de café	咖啡研磨器	kāfēi yánmóqì
chaleira (f)	开水壶	kāi shuǐ hú
bule (m)	茶壶	chá hú
tampa (f)	盖子	gài zi
coador (m) de chá	滤茶器	lǜ chá qì
colher (f)	匙子	chá zi
colher (f) de chá	茶匙	chá chí
colher (f) de sopa	汤匙	tāng chí
garfo (m)	叉，餐叉	chā, cān chā
faca (f)	刀，刀子	dāo, dāo zi
louça (f)	餐具	cān jù
prato (m)	盘子	pán zi
pires (m)	碟子	dié zi
cálice (m)	小酒杯	xiǎo jiǔ bēi
copo (m)	杯子	bēi zi
xícara (f)	杯子	bēi zi
açucareiro (m)	糖碗	táng wǎn
saleiro (m)	盐瓶	yán píng
pimenteiro (m)	胡椒瓶	hú jiāo píng
manteigueira (f)	黄油碟	huáng yóu dié
panela (f)	炖锅	dùn guō
frigideira (f)	煎锅	jiān guō
concha (f)	长柄勺	cháng bǐng sháo
coador (m)	漏勺	lòu sháo
bandeja (f)	托盘	tuō pán
garrafa (f)	瓶子	píng zi
pote (m) de vidro	玻璃罐	bōli guàn
lata (~ de cerveja)	罐头	guàn tou
abridor (m) de garrafa	瓶起子	píng qǐ zi
abridor (m) de latas	开罐器	kāi guàn qì
saca-rolhas (m)	螺旋 拔塞器	luóxuán básāiqì
filtro (m)	滤器	lǜ qì
filtrar (vt)	过滤	guò lǜ
lixo (m)	垃圾	lā jī
lixeira (f)	垃圾桶	lā jī tǒng

92. Casa de banho

banheiro (m)	浴室	yù shì
água (f)	水	shuǐ
torneira (f)	水龙头	shuǐ lóng tóu
água (f) quente	热水	rè shuǐ
água (f) fria	冷水	lěng shuǐ

| pasta (f) de dente | 牙膏 | yá gāo |
| escovar os dentes | 刷牙 | shuā yá |

barbear-se (vr)	剃须	tì xū
espuma (f) de barbear	剃须泡沫	tì xū pào mò
gilete (f)	剃须刀	tì xū dāo

lavar (vt)	洗	xǐ
tomar banho	洗澡	xǐ zǎo
chuveiro (m), ducha (f)	淋浴	lín yù
tomar uma ducha	洗淋浴	xǐ lín yù

banheira (f)	浴缸	yù gāng
vaso (m) sanitário	抽水马桶	chōu shuǐ mǎ tǒng
pia (f)	水槽	shuǐ cáo

| sabonete (m) | 肥皂 | féi zào |
| saboneteira (f) | 肥皂盒 | féi zào hé |

esponja (f)	清洁绵	qīng jié mián
xampu (m)	洗发液	xǐ fā yè
toalha (f)	毛巾，浴巾	máo jīn, yù jīn
roupão (m) de banho	浴衣	yù yī

lavagem (f)	洗衣	xǐ yī
lavadora (f) de roupas	洗衣机	xǐ yī jī
lavar a roupa	洗衣服	xǐ yī fu
detergente (m)	洗衣粉	xǐ yī fěn

93. Eletrodomésticos

televisor (m)	电视机	diàn shì jī
gravador (m)	录音机	lù yīn jī
videogravador (m)	录像机	lù xiàng jī
rádio (m)	收音机	shōu yīn jī
leitor (m)	播放器	bō fàng qì

projetor (m)	投影器	tóu yǐng qì
cinema (m) em casa	家庭影院系统	jiā tíng yǐng yuàn xì tǒng
DVD Player (m)	DVD 播放机	diwidi bōfàngjī
amplificador (m)	放大器	fàng dà qì
console (f) de jogos	电子游戏机	diànzǐ yóuxìjī

câmera (f) de vídeo	摄像机	shè xiàng jī
máquina (f) fotográfica	照相机	zhào xiàng jī
câmera (f) digital	数码相机	shù mǎ xiàng jī

aspirador (m)	吸尘器	xī chén qì
ferro (m) de passar	熨斗	yùn dǒu
tábua (f) de passar	熨衣板	yùn yī bǎn

telefone (m)	电话	diàn huà
celular (m)	手机	shǒu jī
máquina (f) de escrever	打字机	dǎ zì jī

máquina (f) de costura	缝纫机	féng rèn jī
microfone (m)	话筒	huà tǒng
fone (m) de ouvido	耳机	ěr jī
controle remoto (m)	遥控器	yáo kòng qì
CD (m)	光盘	guāng pán
fita (f) cassete	磁带	cí dài
disco (m) de vinil	唱片	chàng piàn

94. Reparações. Renovação

renovação (f)	修理	xiū lǐ
renovar (vt), fazer obras	翻修	fān xiū
reparar (vt)	修理	xiū lǐ
consertar (vt)	整理	zhěng lǐ
refazer (vt)	重做	zhòng zuò
tinta (f)	油漆	yóu qī
pintar (vt)	油漆	yóu qī
pintor (m)	油漆工	yóu qī gōng
pincel (m)	毛刷	máo shuā
cal (f)	石灰水	shí huī shuǐ
caiar (vt)	用石灰水粉刷	yòng shí huī shuǐ fěn shuā
papel (m) de parede	墙纸	qiáng zhǐ
colocar papel de parede	贴墙纸	tiē qiáng zhǐ
verniz (m)	清漆	qīng qī
envernizar (vt)	涂清漆	tú qīng qī

95. Canalizações

água (f)	水	shuǐ
água (f) quente	热水	rè shuǐ
água (f) fria	冷水	lěng shuǐ
torneira (f)	水龙头	shuǐ lóng tóu
gota (f)	滴	dī
gotejar (vi)	滴落	dī luò
vazar (vt)	漏	lòu
vazamento (m)	漏孔	lòu kǒng
poça (f)	水洼	shuǐ wā
tubo (m)	水管	shuǐ guǎn
válvula (f)	阀门	fá mén
entupir-se (vr)	堵塞	dǔ sè
chave (f) inglesa	可调扳手	kě diào bān shǒu
desenroscar (vt)	拧开	nǐng kāi
enroscar (vt)	拧紧	nǐng jǐn
desentupir (vt)	疏通堵塞	shū tōng dǔ sè
encanador (m)	水管工	shuǐ guǎn gōng

| porão (m) | 地下室 | dì xià shì |
| rede (f) de esgotos | 排水系统 | pái shuǐ xì tǒng |

96. Fogo. Deflagração

incêndio (m)	火	huǒ
chama (f)	火焰	huǒ yàn
faísca (f)	火花	huǒ huā
fumaça (f)	烟	yān
tocha (f)	火把	huǒ bǎ
fogueira (f)	篝火	gōu huǒ

gasolina (f)	汽油	qì yóu
querosene (m)	煤油	méi yóu
inflamável (adj)	易燃的	yì rán de
explosivo (adj)	易爆炸的	yì bào zhà de
PROIBIDO FUMAR!	禁止吸烟	jìnzhǐ xīyān

segurança (f)	安全	ān quán
perigo (m)	危险	wēi xiǎn
perigoso (adj)	危险的	wēi xiǎn de

incendiar-se (vr)	着火	zháo huǒ
explosão (f)	爆炸	bào zhà
incendiar (vt)	放火	fàng huǒ
incendiário (m)	纵火犯	zòng huǒ fàn
incêndio (m) criminoso	放火	fàng huǒ

flamejar (vi)	熊熊燃烧	xióng xióng rán shāo
queimar (vi)	燃烧	rán shāo
queimar tudo (vi)	焚毁	fén huǐ

bombeiro (m)	消防队员	xiāofáng duìyuán
caminhão (m) de bombeiros	救火车	jiù huǒ chē
corpo (m) de bombeiros	消防队	xiāo fáng duì

mangueira (f)	水龙带	shuǐ lóng dài
extintor (m)	灭火器	miè huǒ qì
capacete (m)	头盔	tóu kuī
sirene (f)	警报器	jǐng bào qì

gritar (vi)	叫喊	jiào hǎn
chamar por socorro	呼救	hū jiù
socorrista (m)	救援者	jiù yuán zhě
salvar, resgatar (vt)	营救	yíng jiù

chegar (vi)	来	lái
apagar (vt)	扑灭	pū miè
água (f)	水	shuǐ
areia (f)	沙，沙子	shā, shā zi

ruínas (f pl)	废墟	fèi xū
ruir (vi)	倒塌	dǎo tā
desmoronar (vi)	倒塌	dǎo tā

desabar (vi)	坍塌	tān tā
fragmento (m)	大碎片	dà suì piàn
cinza (f)	烟灰	yān huī
sufocar (vi)	闷死	mèn sǐ
perecer (vi)	惨死	cǎn sǐ

ATIVIDADES HUMANAS

Emprego. Negócios. Parte 1

97. Banca

banco (m)	银行	yín háng
balcão (f)	分支机构	fēn zhī jī gòu
consultor (m) bancário	顾问	gù wèn
gerente (m)	主管人	zhǔ guǎn rén
conta (f)	账户	zhànghù
número (m) da conta	账号	zhàng hào
conta (f) corrente	活期帐户	huó qī zhànghù
conta (f) poupança	储蓄账户	chǔ xù zhànghù
abrir uma conta	开立账户	kāilì zhànghù
fechar uma conta	关闭 帐户	guān bì zhànghù
depositar na conta	存入帐户	cúnrù zhànghù
sacar (vt)	提取	tí qǔ
depósito (m)	存款	cún kuǎn
fazer um depósito	存款	cún kuǎn
transferência (f) bancária	汇款	huì kuǎn
transferir (vt)	汇款	huì kuǎn
soma (f)	金额	jīn é
Quanto?	多少钱？	duōshao qián?
assinatura (f)	签名	qiān míng
assinar (vt)	签名	qiān míng
cartão (m) de crédito	信用卡	xìn yòng kǎ
senha (f)	密码	mì mǎ
número (m) do cartão de crédito	信用卡号码	xìn yòng kǎ hào mǎ
caixa (m) eletrônico	自动取款机	zì dòng qǔ kuǎn jī
cheque (m)	支票	zhī piào
passar um cheque	开支票	kāi zhī piào
talão (m) de cheques	支票本	zhīpiào běn
empréstimo (m)	贷款	dàikuǎn
pedir um empréstimo	借款	jiè kuǎn
obter empréstimo	取得贷款	qǔ dé dàikuǎn
dar um empréstimo	贷款给 …	dàikuǎn gěi …
garantia (f)	保证	bǎo zhèng

98. Telefone. Conversação telefônica

telefone (m)	电话	diàn huà
celular (m)	手机	shǒu jī
secretária (f) eletrônica	答录机	dā lù jī
fazer uma chamada	打电话	dǎ diàn huà
chamada (f)	电话	diàn huà
discar um número	拨号码	bō hào mǎ
Alô!	喂！	wèi!
perguntar (vt)	问	wèn
responder (vt)	接电话	jiē diàn huà
ouvir (vt)	听见	tīng jiàn
bem	好	hǎo
mal	不好	bù hǎo
ruído (m)	干扰声	gān rǎo shēng
fone (m)	听筒	tīng tǒng
pegar o telefone	接听	jiē tīng
desligar (vi)	挂断	guà duàn
ocupado (adj)	占线的	zhàn xiàn de
tocar (vi)	响	xiǎng
lista (f) telefônica	电话薄	diàn huà bù
local (adj)	本地的	běn dì de
de longa distância	长途	cháng tú
internacional (adj)	国际的	guó jì de

99. Telefone móvel

celular (m)	手机	shǒu jī
tela (f)	显示器	xiǎn shì qì
botão (m)	按钮	àn niǔ
cartão SIM (m)	SIM 卡	sim kǎ
bateria (f)	电池	diàn chí
descarregar-se (vr)	没电	méi diàn
carregador (m)	充电器	chōng diàn qì
menu (m)	菜单	cài dān
configurações (f pl)	设置	shè zhì
melodia (f)	曲调	qǔ diào
escolher (vt)	挑选	tiāo xuǎn
calculadora (f)	计算器	jì suàn qì
correio (m) de voz	答录机	dā lù jī
despertador (m)	闹钟	nào zhōng
contatos (m pl)	电话薄	diàn huà bù
mensagem (f) de texto	短信	duǎn xìn
assinante (m)	用户	yòng hù

100. Estacionário

| caneta (f) | 圆珠笔 | yuán zhū bǐ |
| caneta (f) tinteiro | 钢笔 | gāng bǐ |

lápis (m)	铅笔	qiān bǐ
marcador (m) de texto	荧光笔	yíng guāng bǐ
caneta (f) hidrográfica	水彩笔	shuǐ cǎi bǐ

| bloco (m) de notas | 记事簿 | jì shì bù |
| agenda (f) | 日记本 | rì jì běn |

régua (f)	直尺	zhí chǐ
calculadora (f)	计算器	jì suàn qì
borracha (f)	橡皮擦	xiàng pí cā
alfinete (m)	图钉	tú dīng
clipe (m)	回形针	huí xíng zhēn

cola (f)	胶水	jiāo shuǐ
grampeador (m)	钉书机	dīng shū jī
furador (m) de papel	打孔机	dǎ kǒng jī
apontador (m)	卷笔刀	juǎn bǐ dāo

Emprego. Negócios. Parte 2

101. Media

jornal (m)	报纸	bào zhǐ
revista (f)	杂志	zá zhì
imprensa (f)	报刊	bào kān
rádio (m)	广播	guǎng bō
estação (f) de rádio	广播台	guǎng bō tái
televisão (f)	电视	diàn shì
apresentador (m)	主持人	zhǔ chí rén
locutor (m)	新闻播音员	xīn wén bō yīn yuán
comentarista (m)	评论员	píng lùn yuán
jornalista (m)	新闻工作者	xīnwén gōngzuò zhě
correspondente (m)	记者	jì zhě
repórter (m) fotográfico	摄影记者	shèyǐng jìzhě
repórter (m)	记者	jì zhě
redator (m)	编辑	biān jí
redator-chefe (m)	总编辑	zǒng biān jí
assinar a ...	订阅	dìng yuè
assinatura (f)	订阅	dìng yuè
assinante (m)	订阅者	dìng yuè zhě
ler (vt)	读	dú
leitor (m)	读者	dú zhě
tiragem (f)	发行量	fā xíng liàng
mensal (adj)	每月的	měi yuè de
semanal (adj)	每周的	měi zhōu de
número (jornal, revista)	号	hào
recente, novo (adj)	最近的	zuì jìn de
manchete (f)	标题	biāo tí
pequeno artigo (m)	小文章	xiǎo wén zhāng
coluna (~ semanal)	专栏	zhuān lán
artigo (m)	文章	wén zhāng
página (f)	页	yè
reportagem (f)	报道	bào dào
evento (festa, etc.)	事件	shì jiàn
sensação (f)	轰动	hōng dòng
escândalo (m)	丑闻	chǒu wén
escandaloso (adj)	丑闻的	chǒu wén de
programa (m)	节目	jié mù
entrevista (f)	访谈	fǎng tán
transmissão (f) ao vivo	直播	zhí bō
canal (m)	电视频道	diàn shì pín dào

102. Agricultura

agricultura (f)	农业	nóng yè
camponês (m)	男农民	nán nóng mín
camponesa (f)	女农民	nǚ nóng mín
agricultor, fazendeiro (m)	农场主	nóng chǎng zhǔ
trator (m)	拖拉机	tuō lā jī
colheitadeira (f)	收割机	shōu gē jī
arado (m)	犁	lí
arar (vt)	犁地	lí dì
campo (m) lavrado	耕地	gēng dì
sulco (m)	犁沟	lí gōu
semear (vt)	播种	bō zhǒng
plantadeira (f)	播种机	bō zhǒng jī
semeadura (f)	播种	bō zhǒng
foice (m)	大镰刀	dà lián dāo
cortar com foice	割	gē
pá (f)	铲	chǎn
cavar (vt)	挖	wā
enxada (f)	锄	chú
capinar (vt)	锄	chú
erva (f) daninha	杂草	zá cǎo
regador (m)	喷壶	pēn hú
regar (plantas)	给 … 浇水	gěi … jiāo shuǐ
rega (f)	浇水	jiāo shuǐ
forquilha (f)	草叉	cǎo chā
ancinho (m)	耙子	pá zi
fertilizante (m)	化肥	huàféi
fertilizar (vt)	施肥	shī féi
estrume, esterco (m)	厩肥，粪肥	jiùféi, fènféi
campo (m)	田地	tián dì
prado (m)	草地	cǎo dì
horta (f)	菜圃	cài pǔ
pomar (m)	果园	guǒ yuán
pastar (vt)	牧放	mù fàng
pastor (m)	牧人	mù rén
pastagem (f)	牧场	mù chǎng
pecuária (f)	牧业	mù yè
criação (f) de ovelhas	羊养殖	yáng yǎng zhí
plantação (f)	种植园	zhòng zhí yuán
canteiro (m)	土垄	tǔ lǒng
estufa (f)	温室	wēn shì

seca (f)	干旱	gān hàn
seco (verão ~)	干旱的	gān hàn de
cereais (m pl)	谷物	gǔ wù
colher (vt)	收获	shōu huò
moleiro (m)	磨坊主	mò fáng zhǔ
moinho (m)	磨坊	mò fáng
moer (vt)	磨成	mó chéng
farinha (f)	面粉	miàn fěn
palha (f)	稻草	dào cǎo

103. Construção. Processo de construção

canteiro (m) de obras	建筑工地	jiànzhù gōngdì
construir (vt)	建筑	jiàn zhù
construtor (m)	建筑工人	jiànzhù gōngrén
projeto (m)	项目	xiàng mù
arquiteto (m)	建筑师	jiànzhù shī
operário (m)	工人	gōng rén
fundação (f)	地基	dì jī
telhado (m)	房顶	fáng dǐng
estaca (f)	地基桩柱	dì jī zhuāng zhù
parede (f)	墙	qiáng
colunas (f pl) de sustentação	配筋	pèi jīn
andaime (m)	脚手架	jiǎo shǒu jià
concreto (m)	混凝土	hùn níng tǔ
granito (m)	花岗石	huā gāng shí
pedra (f)	石头，石料	shí tou, shí liào
tijolo (m)	砖	zhuān
areia (f)	沙，沙子	shā, shā zi
cimento (m)	水泥	shuǐ ní
emboço, reboco (m)	灰泥	huī ní
emboçar, rebocar (vt)	涂灰泥于	tú huī ní yú
tinta (f)	油漆	yóu qī
pintar (vt)	油漆	yóu qī
barril (m)	桶	tǒng
grua (f), guindaste (m)	起重机	qǐ zhòng jī
erguer (vt)	举起	jǔ qǐ
baixar (vt)	放下	fàng xià
buldózer (m)	推土机	tuītǔjī
escavadora (f)	挖土机	wā tǔ jī
caçamba (f)	掘斗	jué dǒu
escavar (vt)	挖	wā
capacete (m) de proteção	安全帽	ān quán mào

Profissões e ocupações

104. Procura de emprego. Demissão

trabalho (m)	工作	gōng zuò
pessoal (m)	人员	rényuán
carreira (f)	职业	zhí yè
perspectivas (f pl)	前途	qián tú
habilidades (f pl)	技能	jì néng
seleção (f)	挑选	tiāo xuǎn
agência (f) de emprego	职业介绍所	zhí yè jiè shào suǒ
currículo (m)	简历	jiǎn lì
entrevista (f) de emprego	面试	miàn shì
vaga (f)	空缺	kòng quē
salário (m)	薪水	xīn shuǐ
salário (m) fixo	固定薪水	gùdìng xīnshuǐ
pagamento (m)	报酬	bào chóu
cargo (m)	职务	zhí wù
dever (do empregado)	职责	zhí zé
gama (f) de deveres	职责	zhí zé
ocupado (adj)	忙	máng
despedir, demitir (vt)	解雇	jiě gù
demissão (f)	辞退	cí tuì
desemprego (m)	失业	shī yè
desempregado (m)	失业者	shī yè zhě
aposentadoria (f)	退休	tuì xiū
aposentar-se (vr)	退休	tuì xiū

105. Gente de negócios

diretor (m)	经理	jīng lǐ
gerente (m)	主管人	zhǔ guǎn rén
patrão, chefe (m)	老板	lǎo bǎn
superior (m)	上级	shàng jí
superiores (m pl)	管理层	guǎn lǐ céng
presidente (m)	总裁	zǒng cái
chairman (m)	主席	zhǔxí
substituto (m)	副手	fù shǒu
assistente (m)	助手	zhù shǒu
secretário (m)	秘书	mì shū

secretário (m) pessoal	私人秘书	sīrèn mìshū
homem (m) de negócios	商人	shāng rén
empreendedor (m)	企业家	qǐ yè jiā
fundador (m)	创始人	chuàng shǐ rén
fundar (vt)	创始	chuàng shǐ
principiador (m)	合伙员	hé huǒ yuán
parceiro, sócio (m)	合伙人	hé huǒ rén
acionista (m)	股东	gǔ dōng
milionário (m)	百万富翁	bǎiwàn fùwēng
bilionário (m)	亿万富翁	yìwàn fùwēng
proprietário (m)	业主	yè zhǔ
proprietário (m) de terras	地主	dì zhǔ
cliente (m)	客户	kèhù
cliente (m) habitual	长期客户	chángqī kèhù
comprador (m)	顾客	gù kè
visitante (m)	参观者	cān guān zhě
profissional (m)	专家	zhuān jiā
perito (m)	行家，专家	háng jiā, zhuān jiā
especialista (m)	专家	zhuān jiā
banqueiro (m)	银行家	yín háng jiā
corretor (m)	经纪人	jīng jì rén
caixa (m, f)	收款员	shōu kuǎn yuán
contador (m)	会计员	kuài jì yuán
guarda (m)	安保员	ān bǎo yuán
investidor (m)	投资者	tóu zī zhě
devedor (m)	债务人	zhài wù rén
credor (m)	债权人	zhài quán rén
mutuário (m)	借款人	jiè kuǎn rén
importador (m)	进口者	jìn kǒu zhě
exportador (m)	出口厂商	chū kǒu chǎng shāng
produtor (m)	生产商	shēng chǎn shāng
distribuidor (m)	经销商	jīng xiāo shāng
intermediário (m)	中间人	zhōng jiān rén
consultor (m)	咨询顾问	zīxún gùwèn
representante comercial	代表	dài biǎo
agente (m)	代理人	dài lǐ rén
agente (m) de seguros	保险代理人	bǎo xiǎn dài lǐ rén

106. Profissões de serviços

cozinheiro (m)	厨师	chúshī
chefe (m) de cozinha	高级厨师	gāojí chúshī
padeiro (m)	面包师	miànbāo shī
barman (m)	酒保	jiǔ bǎo

| garçom (m) | 服务员 | fú wù yuán |
| garçonete (f) | 女服务员 | nǚ fú wù yuán |

advogado (m)	辩护人	biàn hù rén
jurista (m)	律师	lǜ shī
notário (m)	公证人	gōng zhèng rén

eletricista (m)	电工	diàn gōng
encanador (m)	水管工	shuǐ guǎn gōng
carpinteiro (m)	木匠	mù jiàng

massagista (m)	男按摩师	nán ànmóshī
massagista (f)	女按摩师	nǚ ànmóshī
médico (m)	医生	yīshēng

taxista (m)	出租车司机	chūzūchē sī jī
condutor (automobilista)	司机	sī jī
entregador (m)	快递员	kuài dì yuán

camareira (f)	女服务员	nǚ fú wù yuán
guarda (m)	安保员	ān bǎo yuán
aeromoça (f)	空姐	kōng jiě

professor (m)	老师	lǎo shī
bibliotecário (m)	图书馆员	tú shū guǎn yuán
tradutor (m)	翻译，译者	fān yì, yì zhě
intérprete (m)	口译者	kǒu yì zhě
guia (m)	导游	dǎo yóu

cabeleireiro (m)	理发师	lǐ fà shī
carteiro (m)	邮递员	yóu dì yuán
vendedor (m)	售货员	shòu huò yuán

jardineiro (m)	花匠	huā jiàng
criado (m)	仆人	pú rén
criada (f)	女仆	nǚ pú
empregada (f) de limpeza	清洁女工	qīng jié nǚ gōng

107. Profissões militares e postos

soldado (m) raso	士兵，列兵	shìbīng, lièbīng
sargento (m)	中士	zhōng shì
tenente (m)	中尉	zhōng wèi
capitão (m)	上尉	shàng wèi

major (m)	少校	shào xiào
coronel (m)	上校	shàng xiào
general (m)	将军	jiāng jūn
marechal (m)	元帅	yuán shuài
almirante (m)	海军上将	hǎi jūn shàng jiàng

militar (m)	军人	jūn rén
soldado (m)	士兵	shì bīng
oficial (m)	军官	jūn guān

comandante (m)	指挥员	zhǐhuī yuán
guarda (m) de fronteira	边界守卫	biān jiè shǒu wèi
operador (m) de rádio	无线电员	wúxiàndiàn yuán
explorador (m)	侦察兵	zhēn chá bīng
sapador-mineiro (m)	工兵	gōng bīng
atirador (m)	神射手	shén shè shǒu
navegador (m)	领航员	lǐng háng yuán

108. Oficiais. Padres

rei (m)	国王	guó wáng
rainha (f)	王后，女王	wáng hòu, nǚ wáng
príncipe (m)	王子	wáng zǐ
princesa (f)	公主	gōng zhǔ
czar (m)	沙皇	shā huáng
czarina (f)	沙皇皇后	shā huáng huáng hòu
presidente (m)	总统	zǒng tǒng
ministro (m)	部长	bù zhǎng
primeiro-ministro (m)	总理	zǒng lǐ
senador (m)	参议院	cān yì yuàn
diplomata (m)	外交官	wài jiāo guān
cônsul (m)	领事	lǐng shì
embaixador (m)	大使	dàshǐ
conselheiro (m)	顾问	gù wèn
funcionário (m)	官员	guān yuán
prefeito (m)	长官	zhǎng guān
Presidente (m) da Câmara	市长	shì zhǎng
juiz (m)	法官	fǎ guān
procurador (m)	公诉人	gōng sù rén
missionário (m)	传教士	chuán jiào shì
monge (m)	僧侣，修道士	sēng lǚ, xiū dào shì
abade (m)	男修道院院长	nán xiūdàoyuàn yuànzhǎng
rabino (m)	拉比	lā bǐ
vizir (m)	维齐尔	wéi qí ěr
xá (m)	沙阿	shā ē
xeique (m)	族长	zú zhǎng

109. Profissões agrícolas

abelheiro (m)	养蜂人	yǎngfēng rén
pastor (m)	牧人	mù rén
agrônomo (m)	农学家	nóng xuéjiā
criador (m) de gado	饲养者	sì yǎng zhě
veterinário (m)	兽医	shòu yī

agricultor, fazendeiro (m)	农场主	nóng chǎng zhǔ
vinicultor (m)	酒商	jiǔ shāng
zoólogo (m)	动物学家	dòng wù xuéjiā
vaqueiro (m)	牛仔	niú zǎi

110. Profissões artísticas

| ator (m) | 演员 | yǎnyuán |
| atriz (f) | 女演员 | nǚ yǎnyuán |

| cantor (m) | 歌手 | gē shǒu |
| cantora (f) | 女歌手 | nǚ gē shǒu |

| bailarino (m) | 舞蹈家 | wǔ dǎo jiā |
| bailarina (f) | 女舞蹈家 | nǚ wǔ dǎo jiā |

| artista (m) | 演员 | yǎnyuán |
| artista (f) | 女演员 | nǚ yǎnyuán |

músico (m)	音乐家	yīn yuè jiā
pianista (m)	钢琴家	gāng qín jiā
guitarrista (m)	吉他手	jí tā shǒu

maestro (m)	指挥	zhǐ huī
compositor (m)	作曲家	zuò qū jiā
empresário (m)	经理人	jīng lǐ rén

diretor (m) de cinema	导演	dǎo yǎn
produtor (m)	制片人	zhì piàn rén
roteirista (m)	编剧	biān jù
crítico (m)	评论家	píng lùn jiā

escritor (m)	作家	zuò jiā
poeta (m)	诗人	shī rén
escultor (m)	雕塑家	diāo sù jiā
pintor (m)	画家	huà jiā

malabarista (m)	变戏法者	biàn xì fǎ zhě
palhaço (m)	小丑	xiǎo chǒu
acrobata (m)	杂技演员	zájì yǎnyuán
ilusionista (m)	魔术师	mó shù shī

111. Várias profissões

médico (m)	医生	yīshēng
enfermeira (f)	护士	hù shi
psiquiatra (m)	精神病医生	jīng shén bìng yīshēng
dentista (m)	牙科医生	yá kē yīshēng
cirurgião (m)	外科医生	wài kē yīshēng

| astronauta (m) | 宇航员 | yǔ háng yuán |
| astrônomo (m) | 天文学家 | tiānwén xuéjiā |

piloto (m)	飞行员	fēi xíng yuán
motorista (m)	驾驶员	jiàshǐ yuán
maquinista (m)	火车司机	huǒ chē sī jī
mecânico (m)	机修工	jī xiū gōng
mineiro (m)	矿工	kuàng gōng
operário (m)	工人	gōng rén
serralheiro (m)	钳工	qián gōng
marceneiro (m)	细木工	xì mù gōng
torneiro (m)	车工	chē gōng
construtor (m)	建筑工人	jiànzhù gōngrén
soldador (m)	焊接工	hàn jiē gōng
professor (m)	教授	jiào shòu
arquiteto (m)	建筑师	jiànzhù shī
historiador (m)	历史学家	lì shǐ xué jiā
cientista (m)	科学家	kē xué jiā
físico (m)	物理学家	wù lǐ xué jiā
químico (m)	化学家	huà xué jiā
arqueólogo (m)	考古学家	kǎo gǔ xué jiā
geólogo (m)	地质学家	dì zhì xué jiā
pesquisador (cientista)	研究者	yán jiū zhě
babysitter, babá (f)	临时保姆	línshí bǎomǔ
professor (m)	教师	jiào shī
redator (m)	编辑	biān jí
redator-chefe (m)	总编辑	zǒng biān jí
correspondente (m)	记者	jì zhě
datilógrafa (f)	打字员	dǎ zì yuán
designer (m)	设计师	shè jì shī
especialista (m) em informática	电脑专家	diàn nǎo zhuān jiā
programador (m)	程序员	chéng xù yuán
engenheiro (m)	工程师	gōng chéng shī
marujo (m)	水手	shuǐ shǒu
marinheiro (m)	海员	hǎi yuán
socorrista (m)	救援者	jiù yuán zhě
bombeiro (m)	消防队员	xiāofáng duìyuán
polícia (m)	警察	jǐng chá
guarda-noturno (m)	看守人	kān shǒu rén
detetive (m)	侦探	zhēn tàn
funcionário (m) da alfândega	海关人员	hǎi guān rényuán
guarda-costas (m)	保镖	bǎo biāo
guarda (m) prisional	狱警	yù jǐng
inspetor (m)	检察员	jiǎn chá yuán
esportista (m)	运动员	yùndòng yuán
treinador (m)	教练	jiào liàn
açougueiro (m)	屠夫	túfū
sapateiro (m)	鞋匠	xié jiàng

comerciante (m)	商人	shāng rén
carregador (m)	装货人	zhuāng huò rén

estilista (m)	时装设计师	shízhuāng shèjìshī
modelo (f)	模特儿	mó tè er

112. Ocupações. Estatuto social

estudante (~ de escola)	男学生	nán xué sheng
estudante (~ universitária)	大学生	dà xué shēng

filósofo (m)	哲学家	zhé xué jiā
economista (m)	经济学家	jīng jì xué jiā
inventor (m)	发明者	fā míng zhě

desempregado (m)	失业者	shī yè zhě
aposentado (m)	退休人员	tuì xiū rén yuán
espião (m)	间谍	jiàn dié

preso, prisioneiro (m)	犯人，囚犯	fàn rén, qiú fàn
grevista (m)	罢工者	bà gōng zhě
burocrata (m)	官僚主义者	guān liáo zhǔ yì zhě
viajante (m)	旅行者	lǚ xíng zhě

homossexual (m)	同性恋者	tóng xìng liàn zhě
hacker (m)	黑客	hēi kè

bandido (m)	匪徒	fěi tú
assassino (m)	雇佣杀手	gù yōng shā shǒu
drogado (m)	吸毒者	xī dú zhě
traficante (m)	毒贩子	dú fàn zi
prostituta (f)	卖淫者，妓女	mài yín zhě, jì nǚ
cafetão (m)	皮条客	pí tiáo kè

bruxo (m)	巫师	wū shī
bruxa (f)	女巫师	nǚ wū shī
pirata (m)	海盗	hǎi dào
escravo (m)	奴隶	nú lì
samurai (m)	武士	wǔ shì
selvagem (m)	野蛮人	yě mán rén

Desportos

113. Tipos de desportos. Desportistas

esportista (m)	运动员	yùndòng yuán
tipo (m) de esporte	种运动	zhǒng yùndòng
basquete (m)	篮球	lán qiú
jogador (m) de basquete	篮球运动员	lán qiú yùndòng yuán
beisebol (m)	棒球	bàng qiú
jogador (m) de beisebol	棒球手	bàng qiú shǒu
futebol (m)	足球	zú qiú
jogador (m) de futebol	足球运动员	zú qiú yùndòng yuán
goleiro (m)	守门员	shǒu mén yuán
hóquei (m)	冰球	bīng qiú
jogador (m) de hóquei	冰球运动员	bīng qiú yùndòng yuán
vôlei (m)	排球	pái qiú
jogador (m) de vôlei	排球运动员	pái qiú yùndòng yuán
boxe (m)	拳击	quánjī
boxeador (m)	拳击运动员	quánjī yùndòng yuán
luta (f)	摔跤	shuāi jiāo
lutador (m)	摔跤运动员	shuāi jiāo yùndòng yuán
caratê (m)	空手道	kōng shǒu dào
carateca (m)	空手道专家	kòng shǒu dào zhuānjiā
judô (m)	柔道	róu dào
judoca (m)	柔道运动员	róudào yùndòng yuán
tênis (m)	网球	wǎng qiú
tenista (m)	网球运动员	wǎng qiú yùndòng yuán
natação (f)	游泳	yóuyǒng
nadador (m)	游泳运动员	yóuyǒng yùndòng yuán
esgrima (f)	击剑	jī jiàn
esgrimista (m)	击剑者	jī jiàn zhě
xadrez (m)	国际象棋	guó jì xiàng qí
jogador (m) de xadrez	下象棋者	xià xiàng qí zhě
alpinismo (m)	登山技术	dēng shān jì shù
alpinista (m)	登山家	dēng shān jiā
corrida (f)	赛跑	sàipǎo

corredor (m)	赛跑者	sàipǎo zhě
atletismo (m)	田径运动	tiánjìng yùndòng
atleta (m)	田径运动员	tiánjìng yùndòng yuán
hipismo (m)	骑马	qí mǎ
cavaleiro (m)	骑手	qí shǒu
patinação (f) artística	花样滑冰	huāyàng huábīng
patinador (m)	花样滑冰运动员	huāyàng huábīng yùndòng yuán
patinadora (f)	花样滑冰女运动员	huāyàng huábīng nǚ yùndòng yuán
halterofilismo (m)	举重	jǔ zhòng
corrida (f) de carros	汽车竞赛	qìchē jìngsài
piloto (m)	赛车手	sài chē shǒu
ciclismo (m)	自行车运动	zìxíngchē yùndòng
ciclista (m)	自行车运动员	zìxíngchē yùndòng yuán
salto (m) em distância	跳远	tiào yuǎn
salto (m) com vara	撑杆跳	chēng gān tiào
atleta (m) de saltos	跳高运动员	tiàogāo yùndòng yuán

114. Tipos de desportos. Diversos

futebol (m) americano	美式足球	měi shì zú qiú
badminton (m)	羽毛球	yǔ máo qiú
biatlo (m)	两项竞赛	liǎng xiàng jìng sài
bilhar (m)	台球	tái qiú
bobsled (m)	长橇	cháng qiāo
musculação (f)	健美运动	jiàn měi yùndòng
polo (m) aquático	水球	shuǐ qiú
handebol (m)	手球	shǒu qiú
golfe (m)	高尔夫球	gāo ěr fū qiú
remo (m)	划船运动	huáchuán yùndòng
mergulho (m)	潜水	qián shuǐ
corrida (f) de esqui	越野滑雪	yuè yě huá xuě
tênis (m) de mesa	乒乓球	pīng pāng qiú
vela (f)	帆船运动	fānchuán yùndòng
rali (m)	汽车赛	qì chē sài
rúgbi (m)	橄榄球	gǎn lǎn qiú
snowboard (m)	滑雪板	huá xuě bǎn
arco-e-flecha (m)	射箭	shè jiàn

115. Ginásio

barra (f)	杠铃	gàng líng
halteres (m pl)	哑铃	yǎ líng

aparelho (m) de musculação	训练器	xùn liàn qì
bicicleta (f) ergométrica	健身自行车	jiàn shēn zì xíng chē
esteira (f) de corrida	跑步机	pǎo bù jī
barra (f) fixa	单杠	dān gàng
barras (f pl) paralelas	双杠	shuāng gàng
cavalo (m)	跳马	tiào mǎ
tapete (m) de ginástica	垫子	diàn zi
aeróbica (f)	有氧健身法	yǒuyǎng jiànshēnfǎ
ioga, yoga (f)	瑜伽	yú jiā

116. Desportos. Diversos

Jogos (m pl) Olímpicos	奥林匹克运动会	aòlínpǐkè yùndònghuì
vencedor (m)	胜利者	shèng lì zhě
vencer (vi)	赢	yíng
vencer (vi, vt)	赢，获胜	yíng, huò shèng
líder (m)	领先者	lǐng xiān zhě
liderar (vt)	领先	lǐng xiān
primeiro lugar (m)	第一名	dì yī míng
segundo lugar (m)	第二名	dì èr míng
terceiro lugar (m)	第三名	dì sān míng
medalha (f)	奖章	jiǎng zhāng
troféu (m)	奖品	jiǎng pǐn
taça (f)	奖杯	jiǎng bēi
prêmio (m)	奖品	jiǎng pǐn
prêmio (m) principal	一等奖	yī děng jiǎng
recorde (m)	纪录	jì lù
estabelecer um recorde	创造纪录	chuàng zào jì lù
final (m)	决赛	jué sài
final (adj)	决赛的	jué sài de
campeão (m)	冠军	guàn jūn
campeonato (m)	锦标赛	jǐn biāo sài
estádio (m)	体育场	tǐ yù chǎng
arquibancadas (f pl)	看台	kàn tái
fã, torcedor (m)	球迷	qiú mí
adversário (m)	对手	duì shǒu
partida (f)	起点	qǐ diǎn
linha (f) de chegada	终点	zhōng diǎn
derrota (f)	失败	shī bài
perder (vt)	输掉	shū diào
árbitro, juiz (m)	裁判员	cái pàn yuán
júri (m)	裁判委员会	cái pàn wěiyuánhuì

resultado (m)	比分	bǐ fēn
empate (m)	平局	píng jú
empatar (vi)	打成平局	dǎchéng píng jú
ponto (m)	分	fēn
resultado (m) final	比分	bǐ fēn
intervalo (m)	中场休息	zhōng chǎng xiū xi
doping (m)	兴奋剂	xīng fèn jì
penalizar (vt)	惩罚	chéng fá
desqualificar (vt)	取消资格	qǔxiāo zīgé
aparelho, aparato (m)	体育器材	tǐ yù qì cái
dardo (m)	标枪	biāo qiāng
peso (m)	铅球	qiān qiú
bola (f)	球	qiú
alvo, objetivo (m)	目标	mù biāo
alvo (~ de papel)	靶子	bǎ zi
disparar, atirar (vi)	射击	shè jī
preciso (tiro ~)	精确	jīng què
treinador (m)	教练	jiào liàn
treinar (vt)	训练	xùn liàn
treinar-se (vr)	训练	xùn liàn
treino (m)	训练	xùn liàn
academia (f) de ginástica	健身房	jiàn shēn fáng
exercício (m)	练习	liàn xí
aquecimento (m)	准备活动	zhǔnbèi huódòng

Educação

117. Escola

escola (f)	学校	xué xiào
diretor (m) de escola	校长	xiào zhǎng
aluno (m)	男学生	nán xué sheng
aluna (f)	女学生	nǚ xué sheng
estudante (m)	男学生	nán xué sheng
estudante (f)	女学生	nǚ xué sheng
ensinar (vt)	教	jiào
aprender (vt)	学，学习	xué, xué xí
decorar (vt)	记住	jì zhù
estudar (vi)	学习	xué xí
estar na escola	上学	shàng xué
ir à escola	去学校	qù xué xiào
alfabeto (m)	字母表	zì mǔ biǎo
disciplina (f)	课程	kè chéng
sala (f) de aula	教室	jiào shì
lição, aula (f)	一堂课	yī táng kè
recreio (m)	课间休息	kè jiān xiū xi
toque (m)	铃	líng
classe (f)	课桌	kè zhuō
quadro (m) negro	黑板	hēi bǎn
nota (f)	分数	fēnshù
boa nota (f)	好分数	hǎo fēnshù
nota (f) baixa	不好分数	bù hǎo fēnshù
dar uma nota	打分数	dǎ fēnshù
erro (m)	错误	cuò wù
errar (vi)	犯错	fàn cuò
corrigir (~ um erro)	改错	gǎi cuò
cola (f)	小抄	xiǎo chāo
dever (m) de casa	家庭作业	jiā tíng zuò yè
exercício (m)	练习	liàn xí
estar presente	出席	chū xí
estar ausente	缺席	quē xí
punir (vt)	惩罚	chéng fá
punição (f)	惩罚	chéng fá
comportamento (m)	行为，举止	xíng wéi, jǔ zhǐ

boletim (m) escolar	成绩单	chéng jì dān
lápis (m)	铅笔	qiān bǐ
borracha (f)	橡皮擦	xiàng pí cā
giz (m)	粉笔	fěnbǐ
porta-lápis (m)	铅笔盒	qiān bǐ hé
mala, pasta, mochila (f)	书包	shū bāo
caneta (f)	钢笔	gāng bǐ
caderno (m)	练习簿	liàn xí bù
livro (m) didático	课本	kè běn
compasso (m)	圆规	yuáng uī
traçar (vt)	画	huà
desenho (m) técnico	工程图	gōng chéng tú
poesia (f)	诗	shī
de cor	凭记性	píng jì xìng
decorar (vt)	记住	jì zhù
férias (f pl)	学校假期	xué xiào jià qī
estar de férias	放假	fàng jià
teste (m), prova (f)	测试，考试	cè shì, kǎo shì
redação (f)	作文	zuò wén
ditado (m)	听写	tīng xiě
exame (m), prova (f)	考试	kǎo shì
fazer prova	参加考试	cān jiā kǎo shì
experiência (~ química)	实验	shí yàn

118. Colégio. Universidade

academia (f)	学院	xué yuàn
universidade (f)	大学	dà xué
faculdade (f)	系	xì
estudante (m)	大学生	dà xué shēng
estudante (f)	大学生	dà xué shēng
professor (m)	讲师	jiǎng shī
auditório (m)	讲堂	jiǎng táng
graduado (m)	毕业生	bì yè shēng
diploma (m)	毕业证	bì yè zhèng
tese (f)	学位论文	xuéwèi lùnwén
estudo (obra)	研究报告	yán jiū bào gào
laboratório (m)	实验室	shí yàn shì
palestra (f)	讲课	jiǎng kè
colega (m) de curso	同学	tóng xué
bolsa (f) de estudos	奖学金	jiǎng xué jīn
grau (m) acadêmico	学位	xué wèi

119. Ciências. Disciplinas

matemática (f)	数学	shù xué
álgebra (f)	代数学	dài shù xué
geometria (f)	几何学	jǐ hé xué
astronomia (f)	天文学	tiān wén xué
biologia (f)	生物学	shēng wù xué
geografia (f)	地理学	dì lǐ xué
geologia (f)	地质学	dì zhì xué
história (f)	历史学	lìshǐ xué
medicina (f)	医学	yī xué
pedagogia (f)	教育学	jiàoyù xué
direito (m)	法学	fǎ xué
física (f)	物理学	wù lǐ xué
química (f)	化学	huà xué
filosofia (f)	哲学	zhé xué
psicologia (f)	心理学	xīn lǐ xué

120. Sistema de escrita. Ortografia

gramática (f)	语法	yǔ fǎ
vocabulário (m)	词汇	cí huì
fonética (f)	语音学	yǔ yīn xué
substantivo (m)	名词	míng cí
adjetivo (m)	形容词	xíng róng cí
verbo (m)	动词	dòng cí
advérbio (m)	副词	fùcí
pronome (m)	代词	dài cí
interjeição (f)	感叹词	gǎn tàn cí
preposição (f)	介词	jiè cí
raiz (f)	词根	cí gēn
terminação (f)	词尾	cí wěi
prefixo (m)	前缀	qián zhuì
sílaba (f)	音节	yīn jié
sufixo (m)	后缀	hòu zhuì
acento (m)	重音	zhòng yīn
apóstrofo (f)	撇号	piē hào
ponto (m)	点	diǎn
vírgula (f)	逗号	dòu hào
ponto e vírgula (m)	分号	fēn hào
dois pontos (m pl)	冒号	mào hào
reticências (f pl)	省略号	shěng lüè hào
ponto (m) de interrogação	问号	wèn hào
ponto (m) de exclamação	感叹号	gǎn tàn hào

aspas (f pl)	引号	yǐn hào
entre aspas	在引号	zài yǐn hào
parênteses (m pl)	括号	kuò hào
entre parênteses	在圆括号	zài yuán kuò hào
hífen (m)	连字符	lián zì fú
travessão (m)	破折号	pò zhé hào
espaço (m)	空白	kòng bái
letra (f)	字母	zì mǔ
letra (f) maiúscula	大写字母	dà xiě zì mǔ
vogal (f)	元音	yuán yīn
consoante (f)	辅音	fǔyīn
frase (f)	句子	jù zi
sujeito (m)	主语	zhǔ yǔ
predicado (m)	谓语	wèi yǔ
linha (f)	行	háng
em uma nova linha	另起一行	lìng qǐ yī xíng
parágrafo (m)	段，段落	duàn, duàn luò
palavra (f)	字，单词	zì, dāncí
grupo (m) de palavras	词组	cí zǔ
expressão (f)	短语	duǎn yǔ
sinônimo (m)	同义词	tóng yì cí
antônimo (m)	反义词	fǎn yì cí
regra (f)	规则	guī zé
exceção (f)	例外	lì wài
correto (adj)	正确的	zhèng què de
conjugação (f)	变位	biàn wèi
declinação (f)	变格	biàn gé
caso (m)	名词格	míng cí gé
pergunta (f)	问题	wèn tí
sublinhar (vt)	在 ⋯ 下画线	zài … xià huà xiàn
linha (f) pontilhada	点线	diǎn xiàn

121. Línguas estrangeiras

língua (f)	语言	yǔ yán
língua (f) estrangeira	外语	wài yǔ
estudar (vt)	学习	xué xí
aprender (vt)	学，学习	xué, xué xí
ler (vt)	读	dú
falar (vi)	说	shuō
entender (vt)	明白	míng bai
escrever (vt)	写	xiě
rapidamente	快	kuài
devagar, lentamente	慢慢地	màn màn de

fluentemente	流利	liú lì
regras (f pl)	规则	guī zé
gramática (f)	语法	yǔ fǎ
vocabulário (m)	词汇	cí huì
fonética (f)	语音学	yǔ yīn xué
livro (m) didático	课本	kè běn
dicionário (m)	词典	cí diǎn
manual (m) autodidático	自学的书	zì xué de shū
guia (m) de conversação	短语手册	duǎn yǔ shǒu cè
fita (f) cassete	磁带	cí dài
videoteipe (m)	录像带	lù xiàng dài
CD (m)	光盘	guāng pán
DVD (m)	数字影碟	shù zì yǐng dié
alfabeto (m)	字母表	zì mǔ biǎo
soletrar (vt)	拼写	pīn xiě
pronúncia (f)	发音	fā yīn
sotaque (m)	口音	kǒu yin
com sotaque	带口音	dài kǒu yin
sem sotaque	没有口音	méiyǒu kǒuyin
palavra (f)	字，单词	zì, dāncí
sentido (m)	意义	yì yì
curso (m)	讲座	jiǎng zuò
inscrever-se (vr)	报名	bào míng
professor (m)	老师	lǎo shī
tradução (processo)	翻译	fān yì
tradução (texto)	翻译	fān yì
tradutor (m)	翻译，译者	fān yì, yì zhě
intérprete (m)	口译者	kǒu yì zhě
memória (f)	记忆力	jì yì lì

122. Personagens de contos de fadas

Papai Noel (m)	圣诞老人	shèngdàn lǎorén
Cinderela (f)	灰姑娘	huī gū niang
bruxo, feiticeiro (m)	魔法师	mó fǎ shī
fada (f)	好女巫	hǎo nǚ wū
mágico (adj)	魔术的	mó shù de
varinha (f) mágica	魔术棒	mó shù bàng
conto (m) de fadas	神话	shén huà
milagre (m)	奇迹	qí jì
anão (m)	小矮人	xiǎo ǎi rén
transformar-se em ...	变成 ···	biàn chéng ...
fantasma (m)	鬼魂	guǐ hún
fantasma (m)	鬼，幽灵	guǐ, yōulíng

monstro (m)	怪物	guài wu
dragão (m)	龙	lóng
gigante (m)	巨人	jù rén

123. Signos do Zodíaco

Áries (f)	白羊座	bái yáng zuò
Touro (m)	金牛座	jīn niú zuò
Gêmeos (m pl)	双子座	shuāng zǐ zuò
Câncer (m)	巨蟹座	jù xiè zuò
Leão (m)	狮子座	shī zi zuò
Virgem (f)	室女座	shì nǚ zuò

Libra (f)	天秤座	tiān chèng zuò
Escorpião (m)	天蝎座	tiān xiē zuò
Sagitário (m)	人马座	rén mǎ zuò
Capricórnio (m)	摩羯座	mó jié zuò
Aquário (m)	宝瓶座	bǎo píng zuò
Peixes (pl)	双鱼座	shuāng yú zuò

caráter (m)	品行	pǐn xíng
traços (m pl) do caráter	品格	pǐn gé
comportamento (m)	行为	xíng wéi
prever a sorte	占卜	zhānbǔ
adivinha (f)	女占卜者	nǚ zhānbǔ zhě
horóscopo (m)	天宫图	tiān gōng tú

Artes

124. Teatro

teatro (m)	剧院	jù yuàn
ópera (f)	歌剧	gē jù
opereta (f)	轻歌剧	qīng gē jù
balé (m)	芭蕾舞	bālěi wǔ
cartaz (m)	戏剧海报	xì jù hǎi bào
companhia (f) de teatro	剧团	jù tuán
turnê (f)	巡回演出	xún huí yǎn chū
estar em turnê	巡回演出	xún huí yǎn chū
ensaiar (vt)	排演	pái yǎn
ensaio (m)	排演	pái yǎn
repertório (m)	全部节目	quán bù jié mù
apresentação (f)	演出	yǎn chū
espetáculo (m)	戏剧	xì jù
peça (f)	戏剧	xì jù
entrada (m)	票	piào
bilheteira (f)	售票处	shòu piàn chù
hall (m)	大厅	dà tīng
vestiário (m)	衣帽间	yī mào jiān
senha (f) numerada	号牌	hàopái
binóculo (m)	望远镜	wàng yuǎn jìng
lanterninha (m)	引座员	yǐn zuò yuán
plateia (f)	池座	chízuò
balcão (m)	楼座，楼厅	lóu zuò, lóu tīng
primeiro balcão (m)	二楼厢座	érlóu xiāngzuò
camarote (m)	包厢	bāo xiāng
fila (f)	排	pái
assento (m)	座位	zuò wèi
público (m)	观众	guān zhòng
espectador (m)	观众	guān zhòng
aplaudir (vt)	鼓掌	gǔ zhǎng
aplauso (m)	掌声	zhǎng shēng
ovação (f)	热烈欢迎	rè liè huān yíng
palco (m)	舞台	wǔ tái
cortina (f)	幕	mù
cenário (m)	布景	bù jǐng
bastidores (m pl)	后台	hòu tái
cena (f)	场	chǎng
ato (m)	幕	mù
intervalo (m)	幕间休息	mù jiān xiū xi

125. Cinema

ator (m)	演员	yǎnyuán
atriz (f)	女演员	nǚ yǎnyuán
cinema (m)	电影业	diànyǐng yè
filme (m)	电影	diànyǐng
episódio (m)	一集	yī jí
filme (m) policial	侦探	zhēn tàn
filme (m) de ação	动作片	dòngzuò piàn
filme (m) de aventuras	惊险片	jīngxiǎn piàn
filme (m) de ficção científica	科幻片	kēhuàn piàn
filme (m) de horror	恐怖片	kǒngbù piàn
comédia (f)	喜剧片	xǐ jù piàn
melodrama (m)	传奇片	chuánqí piàn
drama (m)	戏剧片	xì jù piàn
filme (m) de ficção	故事片	gùshi piàn
documentário (m)	纪录片	jì lù piàn
desenho (m) animado	动画片	dònghuà piàn
cinema (m) mudo	无声电影	wúshēng diànyǐng
papel (m)	角色	jué sè
papel (m) principal	主角	zhǔ jué
representar (vt)	扮演	bà nyǎn
estrela (f) de cinema	电影明星	diànyǐng míng xīng
conhecido (adj)	著名的	zhù míng de
famoso (adj)	著名的	zhù míng de
popular (adj)	有名的	yǒu míng de
roteiro (m)	剧本	jùběn
roteirista (m)	编剧	biān jù
diretor (m) de cinema	导演	dǎo yǎn
produtor (m)	制片人	zhì piàn rén
assistente (m)	助理	zhù lǐ
diretor (m) de fotografia	摄影师	shè yǐng shī
dublê (m)	特技演员	tè jì yǎnyuán
filmar (vt)	拍电影	pāi diàn yǐng
audição (f)	试镜头	shì jìng tóu
filmagem (f)	拍摄	pāi shè
equipe (f) de filmagem	电影摄制组	diànyǐng shèzhìzǔ
set (m) de filmagem	电影场景	diànyǐng chǎng jǐng
câmera (f)	摄影机	shèyǐng jī
cinema (m)	电影院	diànyǐng yuàn
tela (f)	银幕	yín mù
exibir um filme	放映电影	fàngyìng diànyǐng
trilha (f) sonora	电影声带	diànyǐng shēng dài
efeitos (m pl) especiais	特技效果	tè jì xiào guǒ
legendas (f pl)	字幕	zì mù

| crédito (m) | 电影片尾字幕 | diànyǐng piān wěi zì mù |
| tradução (f) | 翻译 | fān yì |

126. Pintura

arte (f)	艺术	yì shù
belas-artes (f pl)	美术	měi shù
galeria (f) de arte	画廊，艺廊	huà láng, yì láng
exibição (f) de arte	画展	huà zhǎn

pintura (f)	绘画	huì huà
arte (f) gráfica	图形艺术	tú xíng yìshù
arte (f) abstrata	抽象派艺术	chōu xiàng pài yìshù
impressionismo (m)	印象主义	yìnxiàng zhǔyì

pintura (f), quadro (m)	画	huà
desenho (m)	图画	tú huà
cartaz, pôster (m)	宣传画	xuān chuán huà

ilustração (f)	插图	chā tú
miniatura (f)	微型画	wēi xíng huà
cópia (f)	摹本	mó běn
reprodução (f)	复制品	fù zhì pǐn

mosaico (m)	镶嵌画	xiāng qiàn huà
afresco (m)	壁画	bì huà
gravura (f)	版画	bǎn huà

busto (m)	半身像	bàn shēn xiàng
escultura (f)	雕塑	diāo sù
estátua (f)	塑像	sù xiàng
gesso (m)	石膏	shí gāo
em gesso (adj)	石膏的	shí gāo de

retrato (m)	肖像画	xiào xiàng huà
autorretrato (m)	自画像	zì huà xiàng
paisagem (f)	风景画	fēng jǐng huà
natureza (f) morta	静物画	jìng wù huà
caricatura (f)	漫画	màn huà

tinta (f)	颜料	yánliào
aquarela (f)	水彩颜料	shuǐcǎi yánliào
tinta (f) a óleo	油画颜料	yóu huà yánliào
lápis (m)	铅笔	qiān bǐ
tinta (f) nanquim	墨汁	mò zhī
carvão (m)	炭条	tàn tiáo

| desenhar (vt) | 用铅笔画 | yòng qiān bǐ huà |
| pintar (vt) | 画 | huà |

posar (vi)	摆姿势	bǎi zī shì
modelo (m)	模特儿	mó tè er
modelo (f)	模特儿	mó tè er
pintor (m)	画家	huà jiā

obra (f)	艺术品	yì shù pǐn
obra-prima (f)	杰作	jié zuò
estúdio (m)	画室	huà shì

tela (f)	油画布	yóu huà bù
cavalete (m)	画架	huà jià
paleta (f)	调色板	tiáo sè bǎn

moldura (f)	画框	huà kuàng
restauração (f)	修复	xiū fù
restaurar (vt)	修复	xiū fù

127. Literatura & Poesia

literatura (f)	文学	wén xué
autor (m)	作家	zuò jiā
pseudônimo (m)	笔名	bǐ míng

livro (m)	书	shū
volume (m)	卷	juàn
índice (m)	目录	mù lù
página (f)	页	yè
protagonista (m)	主角	zhǔ jué
autógrafo (m)	签名	qiān míng

conto (m)	短篇小说	duǎnpiān xiǎoshuō
novela (f)	中篇小说	zhōngpiān xiǎoshuō
romance (m)	长篇小说	chángpiān xiǎoshuō
obra (f)	作品	zuò pǐn
fábula (m)	寓言	yù yán
romance (m) policial	侦探小说	zhēntàn xiǎoshuō

verso (m)	诗	shī
poesia (f)	诗歌	shī gē
poema (m)	叙事诗	xù shì shī
poeta (m)	诗人	shī rén

ficção (f)	小说	xiǎo shuō
ficção (f) científica	科幻	kē huàn
aventuras (f pl)	冒险	mào xiǎn
literatura (f) didática	教育文献	jiào yù wén xiàn
literatura (f) infantil	儿童文学	értóng wénxué

128. Circo

circo (m)	马戏团	mǎ xì tuán
circo (m) ambulante	马戏篷	mǎ xì péng
programa (m)	节目单	jié mù dān
apresentação (f)	演出	yǎn chū

| número (m) | 节目 | jié mù |
| picadeiro (f) | 马戏场 | mǎ xì chǎng |

pantomima (f)	哑剧	yǎ jù
palhaço (m)	小丑	xiǎo chǒu
acrobata (m)	杂技演员	zájì yǎnyuán
acrobacia (f)	杂技	zájì
ginasta (m)	杂技演员	zájì yǎnyuán
ginástica (f)	杂技	zájì
salto (m) mortal	翻跟头	fān gēn tou
homem (m) forte	大力士	dà lì shì
domador (m)	驯服手	xùn fú shǒu
cavaleiro (m) equilibrista	骑手	qí shǒu
assistente (m)	助手	zhù shǒu
truque (m)	特技表演	tè jì biǎo yǎn
truque (m) de mágica	魔术	mó shù
ilusionista (m)	魔术师	mó shù shī
malabarista (m)	变戏法者	biàn xì fǎ zhě
fazer malabarismos	玩杂耍	wán zá shuǎ
adestrador (m)	驯养师	xùn yǎng shī
adestramento (m)	驯兽术	xún shòu shù
adestrar (vt)	训练	xùn liàn

129. Música. Música popular

música (f)	音乐	yīn yuè
músico (m)	音乐家	yīn yuè jiā
instrumento (m) musical	乐器	yuè qì
tocar ...	弹 …，弹奏	tán ..., tán zòu
guitarra (f)	吉他	jí tā
violino (m)	小提琴	xiǎo tí qín
violoncelo (m)	大提琴	dà tí qín
contrabaixo (m)	低音提琴	dī yīn tí qín
harpa (f)	竖琴	shù qín
piano (m)	钢琴	gāng qín
piano (m) de cauda	大钢琴	dà gāng qín
órgão (m)	管风琴	guǎn fēng qín
instrumentos (m pl) de sopro	管乐器	guǎn yuè qì
oboé (m)	双簧管	shuāng huáng guǎn
saxofone (m)	萨克斯管	sà kè sī guǎn
clarinete (m)	黑管	hēi guǎn
flauta (f)	长笛	cháng dí
trompete (m)	小号	xiǎo hào
acordeão (m)	手风琴	shǒu fēng qín
tambor (m)	鼓	gǔ
dueto (m)	二重奏	èr chóng zòu
trio (m)	三重奏	sān chóng zòu
quarteto (m)	四重奏	sì chóng zòu

| coro (m) | 合唱队 | hé chàng duì |
| orquestra (f) | 管弦乐队 | guǎn xián yuè duì |

música (f) pop	流行音乐	liúxíng yīnyuè
música (f) rock	摇滚乐	yáo gǔn yuè
grupo (m) de rock	摇滚乐队	yáo gǔn yuè duì
jazz (m)	爵士乐	jué shì yuè

| ídolo (m) | 偶像 | ǒu xiàng |
| fã, admirador (m) | 钦佩者 | qīn pèi zhě |

concerto (m)	音乐会	yīnyuè huì
sinfonia (f)	交响乐	jiāo xiǎng yuè
composição (f)	音乐作品	yīnyuè zuòpǐn
compor (vt)	创作	chuàng zuò

canto (m)	唱歌	chàng gē
canção (f)	歌	gē
melodia (f)	曲调	qǔ diào
ritmo (m)	节奏	jié zòu
blues (m)	蓝调音乐	lán diào yīn yuè

notas (f pl)	活页乐谱	huó yè lè pǔ
batuta (f)	指挥棒	zhǐ huī bàng
arco (m)	琴弓	qín gōng
corda (f)	琴弦	qín xián
estojo (m)	琴盒	qín hé

Descanso. Entretenimento. Viagens

130. Viagens

turismo (m)	旅游	lǚ yóu
turista (m)	旅行者	lǚ xíng zhě
viagem (f)	旅行	lǚ xíng
aventura (f)	冒险	mào xiǎn
percurso (curta viagem)	旅行	lǚ xíng
férias (f pl)	休假	xiū jià
estar de férias	放假	fàng jià
descanso (m)	休息	xiū xi
trem (m)	火车	huǒ chē
de trem (chegar ~)	乘火车	chéng huǒchē
avião (m)	飞机	fēijī
de avião	乘飞机	chéng fēijī
de carro	乘汽车	chéng qìchē
de navio	乘船	chéng chuán
bagagem (f)	行李	xíng li
mala (f)	手提箱	shǒu tí xiāng
carrinho (m)	行李车	xíng li chē
passaporte (m)	护照	hù zhào
visto (m)	签证	qiān zhèng
passagem (f)	票	piào
passagem (f) aérea	飞机票	fēijī piào
guia (m) de viagem	旅行指南	lǚ xíng zhǐ nán
mapa (m)	地图	dì tú
área (f)	地方	dì fang
lugar (m)	地方	dì fang
exotismo (m)	尖蕊鸢尾	jiān ruǐ yuān wěi
exótico (adj)	外来的	wài lái de
surpreendente (adj)	惊人的	jīng rén de
grupo (m)	组	zǔ
excursão (f)	游览	yóu lǎn
guia (m)	导游	dǎo yóu

131. Hotel

hotel (m)	酒店	jiǔ diàn
motel (m)	汽车旅馆	qì chē lǚ guǎn
três estrelas	三星级	sān xīng jí

cinco estrelas	五星级	wǔ xīng jí
ficar (vi, vt)	暂住	zàn zhù
quarto (m)	房间	fáng jiān
quarto (m) individual	单人间	dān rén jiān
quarto (m) duplo	双人间	shuāng rén jiān
reservar um quarto	订房间	dìng fáng jiān
meia pensão (f)	半膳宿	bàn shàn sù
pensão (f) completa	全食宿	quán shí sù
com banheira	带洗澡间	dài xǐ zǎo jiān
com chuveiro	带有淋浴	dài yǒu lín yù
televisão (m) por satélite	卫星电视	wèixīng diànshì
ar (m) condicionado	空调	kōng tiáo
toalha (f)	毛巾，浴巾	máo jīn, yù jīn
chave (f)	钥匙	yào shi
administrador (m)	管理者	guǎn lǐ zhě
camareira (f)	女服务员	nǚ fú wù yuán
bagageiro (m)	行李生	xíng li shēng
porteiro (m)	看门人	kān mén rén
restaurante (m)	饭馆	fàn guǎn
bar (m)	酒吧	jiǔ bā
café (m) da manhã	早饭	zǎo fàn
jantar (m)	晚餐	wǎn cān
bufê (m)	自助餐	zì zhù cān
saguão (m)	大厅	dà tīng
elevador (m)	电梯	diàn tī
NÃO PERTURBE	请勿打扰	qǐng wù dǎ rǎo
PROIBIDO FUMAR!	禁止吸烟	jìnzhǐ xīyān

132. Livros. Leitura

livro (m)	书	shū
autor (m)	作家	zuò jiā
escritor (m)	作家	zuò jiā
escrever (~ um livro)	写	xiě
leitor (m)	读者	dú zhě
ler (vt)	读	dú
leitura (f)	阅读	yuè dú
para si	默	mò
em voz alta	出声地	chū shēng de
publicar (vt)	出版	chū bǎn
publicação (f)	出版	chū bǎn
editor (m)	出版者	chū bǎn zhě
editora (f)	出版社	chū bǎn shè
sair (vi)	出版	chū bǎn

lançamento (m)	出版	chū bǎn
tiragem (f)	发行量	fā xíng liàng
livraria (f)	书店	shū diàn
biblioteca (f)	图书馆	tú shū guǎn
novela (f)	中篇小说	zhōngpiān xiǎoshuō
conto (m)	短篇小说	duǎnpiān xiǎoshuō
romance (m)	长篇小说	chángpiān xiǎoshuō
romance (m) policial	侦探小说	zhēntàn xiǎoshuō
memórias (f pl)	回忆录	huí yì lù
lenda (f)	传说	chuán shuō
mito (m)	神话	shén huà
poesia (f)	诗	shī
autobiografia (f)	自传	zì zhuàn
obras (f pl) escolhidas	选集	xuǎn jí
ficção (f) científica	科幻	kē huàn
título (m)	名称	míng chēng
introdução (f)	前言	qián yán
folha (f) de rosto	书名页	shū míng yè
capítulo (m)	章	zhāng
excerto (m)	摘录	zhāi lù
episódio (m)	片断	piàn duàn
enredo (m)	情节	qíng jié
conteúdo (m)	目录	mù lù
índice (m)	目录	mù lù
protagonista (m)	主角	zhǔ jué
volume (m)	卷	juàn
capa (f)	书皮	shū pí
encadernação (f)	封面	fēng miàn
marcador (m) de página	书签	shū qiān
página (f)	页	yè
folhear (vt)	浏览	liú lǎn
margem (f)	页边	yè biān
anotação (f)	注解	zhù jiě
nota (f) de rodapé	附注	fù zhù
texto (m)	文本	wén běn
fonte (f)	铅字	qiān zì
falha (f) de impressão	印刷错误	yìn shuā cuò wù
tradução (f)	翻译	fān yì
traduzir (vt)	翻译	fān yì
original (m)	原本	yuán běn
famoso (adj)	著名的	zhù míng de
desconhecido (adj)	不著名的	bù zhù míng de
interessante (adj)	有趣的	yǒu qù de
best-seller (m)	畅销书	chàngxiāo shū

dicionário (m)	词典	cí diǎn
livro (m) didático	课本	kè běn
enciclopédia (f)	百科全书	bǎi kē quán shū

133. Caça. Pesca

caça (f)	打猎	dǎ liè
caçar (vi)	打猎	dǎ liè
caçador (m)	猎人	liè rén

disparar, atirar (vi)	射击	shè jī
rifle (m)	火枪	huǒ qiāng
cartucho (m)	枪弹	qiāng dàn
chumbo (m) de caça	铅沙弹	qiān shā dàn

armadilha (f)	陷阱	xiàn jǐng
armadilha (com corda)	罗网	luó wǎng
pôr a armadilha	陷阱	xiàn jǐng
caçador (m) furtivo	偷猎者	tōu liè zhě
caça (animais)	猎物	liè wù
cão (m) de caça	猎犬	liè quǎn
safári (m)	游猎	yóu liè
animal (m) empalhado	动物标本	dòng wù biāo běn

pescador (m)	渔夫	yú fū
pesca (f)	钓鱼	diào yú
pescar (vt)	钓鱼	diào yú
vara (f) de pesca	钓竿	diào gān
linha (f) de pesca	钓鱼线	diào yú xiàn
anzol (m)	鱼钩	yú gōu
boia (f), flutuador (m)	浮漂	fú piāo
isca (f)	饵	ěr

lançar a linha	抛鱼线	pāo yú xiàn
morder (peixe)	上钩	shàng gōu
pesca (f)	捕鱼总量	bǔ yú zǒng liàng
buraco (m) no gelo	冰窟窿	bīng kūlong

rede (f)	鱼网	yú wǎng
barco (m)	小船	xiǎo chuán
pescar com rede	用网捕	yòng wǎng bǔ
lançar a rede	撒鱼网	sā yú wǎng
puxar a rede	拉鱼网	lā yú wǎng

baleeiro (m)	捕鲸者	bǔ jīng zhě
baleeira (f)	捕鲸船	bǔ jīng chuán
arpão (m)	大鱼叉	dà yú chā

134. Jogos. Bilhar

| bilhar (m) | 台球 | tái qiú |
| sala (f) de bilhar | 台球室 | tái qiú shì |

bola (f) de bilhar	球	qiú
embolsar uma bola	进球	jìn qiú
taco (m)	台球杆	tái qiú gān
caçapa (f)	球袋	qiú dài

135. Jogos. Jogar cartas

ouros (m pl)	红方块	hóng fāng kuài
espadas (f pl)	黑挑	hēi tiǎo
copas (f pl)	红挑	hóng tiǎo
paus (m pl)	梅花	méi huā

ás (m)	A纸牌	A zhǐ pái
rei (m)	老K	lǎo kei
dama (f), rainha (f)	王后，Q	wáng hòu, kyu
valete (m)	杰克	jié kè

carta (f) de jogar	纸牌	zhǐ pái
cartas (f pl)	纸牌	zhǐ pái
trunfo (m)	王牌	wáng pái
baralho (m)	一副纸牌	yī fù zhǐ pái

dar, distribuir (vt)	发牌	fā pái
embaralhar (vt)	洗牌	xǐ pái
vez, jogada (f)	一出	yīchū
trapaceiro (m)	老千	lǎo qiān

136. Descanso. Jogos. Diversos

passear (vi)	散步	sàn bù
passeio (m)	散步	sàn bù
viagem (f) de carro	游玩	yóu wán
aventura (f)	冒险	mào xiǎn
piquenique (m)	野餐	yě cān

jogo (m)	游戏	yóu xì
jogador (m)	选手	xuǎn shǒu
partida (f)	一局，一盘	yī jú, yī pán

colecionador (m)	收藏家	shōu cáng jiā
colecionar (vt)	收藏	shōu cáng
coleção (f)	收藏品	shōu cáng pǐn

palavras (f pl) cruzadas	纵横字谜	zòng héng zì mí
hipódromo (m)	赛马场	sài mǎ chǎng
discoteca (f)	迪斯科舞厅	dí sī kē wǔ tīng

sauna (f)	蒸气浴	zhēng qì yù
loteria (f)	彩票	cǎi piào

campismo (m)	旅行	lǚ xíng
acampamento (m)	野营地	yě yíng dì

barraca (f)	帐篷	zhàng peng
bússola (f)	指南针	zhǐ nán zhēn
campista (m)	露营者	lù yíng zhě

ver (vt), assistir à …	看	kàn
telespectador (m)	电视观众	diàn shì guān zhòng
programa (m) de TV	电视节目	diàn shì jié mù

137. Fotografia

máquina (f) fotográfica	照相机	zhào xiàng jī
foto, fotografia (f)	照片	zhào piàn

fotógrafo (m)	摄影师	shè yǐng shī
estúdio (m) fotográfico	照相馆	zhào xiàng guǎn
álbum (m) de fotografias	相册	xiàng cè

lente (f) fotográfica	镜头	jìng tóu
lente (f) teleobjetiva	长焦镜头	cháng jiāo jìngtóu
filtro (m)	滤镜	lǜ jìng
lente (f)	透镜	tòu jìng

ótica (f)	套机镜头	tào jī jìng tóu
abertura (f)	光圈	guāng quān
exposição (f)	曝光时间	pù guāng shí jiān
visor (m)	取景器	qǔ jǐng qì

câmera (f) digital	数码相机	shù mǎ xiàng jī
tripé (m)	三角架	sān jiǎo jià
flash (m)	闪光灯	shǎn guāng dēng
fotografar (vt)	拍照	pāi zhào
tirar fotos	拍照	pāi zhào
fotografar-se (vr)	照相	zhào xiàng

foco (m)	焦点	jiāo diǎn
focar (vt)	调整焦距	tiáo zhěng jiāo jù
nítido (adj)	清晰的	qīng xī de
nitidez (f)	清晰度	qīng xī dù

contraste (m)	反差	fǎn chā
contrastante (adj)	反差的	fǎn chā de

retrato (m)	照片	zhào piàn
negativo (m)	负片	fù piàn
filme (m)	胶卷	jiāo juǎn
fotograma (m)	相框	xiàng kuàng
imprimir (vt)	打印	dǎ yìn

138. Praia. Natação

praia (f)	沙滩	shā tān
areia (f)	沙，沙子	shā, shā zi

deserto (adj)	沙漠的	shā mò de
bronzeado (m)	晒黑	shài hēi
bronzear-se (vr)	晒黑	shài hēi
bronzeado (adj)	晒黑的	shài hēi de
protetor (m) solar	防晒油	fáng shài yóu
biquíni (m)	比基尼	bǐjīní
maiô (m)	游泳衣	yóu yǒng yī
calção (m) de banho	游泳裤	yóu yǒng kù
piscina (f)	游泳池	yóu yǒng chí
nadar (vi)	游泳	yóuyǒng
chuveiro (m), ducha (f)	淋浴	lín yù
mudar, trocar (vt)	换衣服	huàn yī fu
toalha (f)	毛巾	máo jīn
barco (m)	小船	xiǎo chuán
lancha (f)	汽艇	qì tǐng
esqui (m) aquático	滑水橇	huá shuǐ qiāo
barco (m) de pedais	水上单车	shuǐ shàng dān chē
surf, surfe (m)	冲浪	chōng làng
surfista (m)	冲浪者	chōng làng zhě
equipamento (m) de mergulho	水肺	shuǐ fèi
pé (m pl) de pato	脚蹼	jiǎo pǔ
máscara (f)	潜水面罩	qián shuǐ miàn zhào
mergulhador (m)	潜水者	qián shuǐ zhě
mergulhar (vi)	跳水	tiào shuǐ
debaixo d'água	在水下	zài shuǐ xià
guarda-sol (m)	太阳伞	tài yáng sǎn
espreguiçadeira (f)	躺椅	tǎng yǐ
óculos (m pl) de sol	太阳镜	tài yáng jìng
colchão (m) de ar	充气床垫	chōngqì chuángdiàn
brincar (vi)	玩	wán
ir nadar	去游泳	qù yóu yǒng
bola (f) de praia	沙滩球	shā tān qiú
encher (vt)	用泵	yòng bèng
inflável (adj)	可充气的	kě chōng qì de
onda (f)	波浪	bō làng
boia (f)	浮标	fú biāo
afogar-se (vr)	溺死	nì sǐ
salvar (vt)	救出	jiù chū
colete (m) salva-vidas	救生衣	jiù shēng yī
observar (vt)	观察	guān chá
salva-vidas (pessoa)	救生员	jiù shēng yuán

EQUIPAMENTO TÉCNICO. TRANSPORTES

Equipamento técnico. Transportes

139. Computador

computador (m)	电脑	diàn nǎo
computador (m) portátil	笔记本电脑	bǐ jì běn diàn nǎo
ligar (vt)	打开	dǎ kāi
desligar (vt)	关	guān
teclado (m)	键盘	jiàn pán
tecla (f)	键	jiàn
mouse (m)	鼠标	shǔ biāo
tapete (m) para mouse	鼠标垫	shǔ biāo diàn
botão (m)	按钮	àn niǔ
cursor (m)	光标	guāng biāo
monitor (m)	监视器	jiān shì qì
tela (f)	屏幕	píng mù
disco (m) rígido	硬盘	yìng pán
capacidade (f) do disco rígido	硬盘容量	yìng pán róngliàng
memória (f)	内存	nèi cún
memória RAM (f)	随机存储器	suí jī cún chǔ qì
arquivo (m)	文件	wén jiàn
pasta (f)	文件夹	wén jiàn jiā
abrir (vt)	打开	dǎ kāi
fechar (vt)	关闭	guān bì
salvar (vt)	保存	bǎo cún
deletar (vt)	删除	shān chú
copiar (vt)	复制	fù zhì
ordenar (vt)	排序	pái xù
copiar (vt)	复制	fù zhì
programa (m)	程序	chéng xù
software (m)	软件	ruǎn jiàn
programador (m)	程序员	chéng xù yuán
programar (vt)	编制程序	biān zhì chéng xù
hacker (m)	黑客	hēi kè
senha (f)	密码	mì mǎ
vírus (m)	病毒	bìng dú
detectar (vt)	发现	fā xiàn
byte (m)	字节	zìjié

megabyte (m)	兆字节	zhào zìjié
dados (m pl)	数据	shù jù
base (f) de dados	数据库	shù jù kù
cabo (m)	电缆	diàn lǎn
desconectar (vt)	断开	duàn kāi
conectar (vt)	连接	lián jiē

140. Internet. E-mail

internet (f)	因特网	yīn tè wǎng
browser (m)	浏览器	liú lǎn qì
motor (m) de busca	搜索引擎	sōu suǒ yǐn qíng
provedor (m)	互联网服务供应商	hù lián wǎng fú wù gōng yìng shāng
webmaster (m)	网站管理员	wǎng zhàn guǎnlǐyuán
website (m)	网站	wǎng zhàn
web page (f)	网页	wǎng yè
endereço (m)	地址	dì zhǐ
livro (m) de endereços	通讯录	tōng xùn lù
caixa (f) de correio	邮箱	yóu xiāng
correio (m)	邮件	yóu jiàn
mensagem (f)	邮件消息	yóujiàn xiāoxi
remetente (m)	发信人	fā xìn rén
enviar (vt)	发信	fā xìn
envio (m)	发信	fā xìn
destinatário (m)	收信人	shōu xìn rén
receber (vt)	收到	shōu dào
correspondência (f)	通信	tōng xìn
corresponder-se (vr)	通信	tōng xìn
arquivo (m)	文件	wén jiàn
fazer download, baixar (vt)	下载	xià zǎi
criar (vt)	创造	chuàng zào
deletar (vt)	删除	shān chú
deletado (adj)	删除的	shān chú de
conexão (f)	连接	lián jiē
velocidade (f)	速度	sù dù
modem (m)	调制解调器	tiáo zhì jiě diào qì
acesso (m)	存取	cún qǔ
porta (f)	端口	duān kǒu
conexão (f)	连接	lián jiē
conectar (vi)	连接	lián jiē
escolher (vt)	选	xuǎn
buscar (vt)	搜寻	sōu xún

Transportes

141. Avião

avião (m)	飞机	fēijī
passagem (f) aérea	飞机票	fēijī piào
companhia (f) aérea	航空公司	hángkōng gōngsī
aeroporto (m)	机场	jī chǎng
supersônico (adj)	超音速的	chāo yīn sù de
comandante (m) do avião	机长	jī zhǎng
tripulação (f)	机组	jī zǔ
piloto (m)	飞行员	fēi xíng yuán
aeromoça (f)	空姐	kōng jiě
copiloto (m)	领航员	lǐng háng yuán
asas (f pl)	机翼	jī yì
cauda (f)	机尾	jī wěi
cabine (f)	座舱	zuò cāng
motor (m)	发动机	fā dòng jī
trem (m) de pouso	起落架	qǐ luò jià
turbina (f)	涡轮	wō lún
hélice (f)	螺旋桨	luó xuán jiǎng
caixa-preta (f)	黑匣子	hēi xiá zi
coluna (f) de controle	飞机驾驶盘	fēijī jiàshǐpán
combustível (m)	燃料	rán liào
instruções (f pl) de segurança	指南	zhǐ nán
máscara (f) de oxigênio	氧气面具	yǎngqì miànjù
uniforme (m)	制服	zhì fú
colete (m) salva-vidas	救生衣	jiù shēng yī
paraquedas (m)	降落伞	jiàng luò sǎn
decolagem (f)	起飞	qǐ fēi
descolar (vi)	起飞	qǐ fēi
pista (f) de decolagem	跑道	pǎo dào
visibilidade (f)	可见度	kě jiàn dù
voo (m)	飞行	fēi xíng
altura (f)	高度	gāo dù
poço (m) de ar	气潭	qì tán
assento (m)	座位	zuò wèi
fone (m) de ouvido	耳机	ěr jī
mesa (f) retrátil	折叠托盘	zhé dié tuō pán
janela (f)	舷窗，机窗	xián chuāng, jī chuāng
corredor (m)	过道	guò dào

142. Comboio

trem (m)	火车	huǒ chē
trem (m) elétrico	电动火车	diàndòng huǒ chē
trem (m)	快车	kuài chē
locomotiva (f) diesel	内燃机车	nèiránjī chē
locomotiva (f) a vapor	蒸汽机车	zhēngqìjī chē
vagão (f) de passageiros	铁路客车	tiě lù kè chē
vagão-restaurante (m)	餐车	cān chē
carris (m pl)	铁轨	tiě guǐ
estrada (f) de ferro	铁路	tiě lù
travessa (f)	枕木	zhěn mù
plataforma (f)	月台	yuè tái
linha (f)	月台	yuè tái
semáforo (m)	臂板信号机	bìbǎn xìnhào jī
estação (f)	火车站	huǒ chē zhàn
maquinista (m)	火车司机	huǒ chē sī jī
bagageiro (m)	搬运工	bān yùn gōng
hospedeiro, -a (m, f)	列车员	liè chē yuán
passageiro (m)	乘客	chéng kè
revisor (m)	列车员	liè chē yuán
corredor (m)	走廊	zǒu láng
freio (m) de emergência	紧急制动器	jǐn jí zhì dòng qì
compartimento (m)	包房	bāo fáng
cama (f)	卧铺	wò pù
cama (f) de cima	上铺	shàng pù
cama (f) de baixo	下铺	xià pù
roupa (f) de cama	被单	bèi dān
passagem (f)	票	piào
horário (m)	列车时刻表	lièchē shíkèbiǎo
painel (m) de informação	时刻表	shí kè biǎo
partir (vt)	离开	lí kāi
partida (f)	发车	fā chē
chegar (vi)	到达	dào dá
chegada (f)	到达	dào dá
chegar de trem	乘坐火车抵达	chéngzuò huǒchē dǐdá
pegar o trem	上车	shàng chē
descer de trem	下车	xià chē
locomotiva (f) a vapor	蒸汽机车	zhēngqìjī chē
foguista (m)	添煤工	tiān méi gōng
fornalha (f)	火箱	huǒ xiāng
carvão (m)	煤炭	méi tàn

143. Barco

navio (m)	大船	dà chuán
embarcação (f)	船	chuán
barco (m) a vapor	汽船	qì chuán
barco (m) fluvial	江轮	jiāng lún
transatlântico (m)	远洋班轮	yuǎn yáng bān lún
cruzeiro (m)	巡洋舰	xún yáng jiàn
iate (m)	快艇	kuài tǐng
rebocador (m)	拖轮	tuō lún
barcaça (f)	驳船	bó chuán
ferry (m)	渡轮，渡船	dù lún, dù chuán
veleiro (m)	帆船	fān chuán
bergantim (m)	双桅帆船	shuāng wéi fān chuán
quebra-gelo (m)	破冰船	pò bīng chuán
submarino (m)	潜水艇	qián shuǐ tǐng
bote, barco (m)	小船	xiǎo chuán
baleeira (bote salva-vidas)	小艇	xiǎo tǐng
bote (m) salva-vidas	救生艇	jiù shēng tǐng
lancha (f)	汽艇	qì tǐng
capitão (m)	船长，舰长	chuán zhǎng, jiàn zhǎng
marinheiro (m)	水手	shuǐ shǒu
marujo (m)	海员	hǎi yuán
tripulação (f)	船员	chuán yuán
contramestre (m)	水手长	shuǐ shǒu zhǎng
grumete (m)	小水手	xiǎo shuǐ shǒu
cozinheiro (m) de bordo	船上厨师	chuánshàng chúshī
médico (m) de bordo	随船医生	suí chuán yī shēng
convés (m)	甲板	jiǎ bǎn
mastro (m)	桅	wéi
vela (f)	帆	fān
porão (m)	货舱	huò cāng
proa (f)	船头	chuán tóu
popa (f)	船尾	chuán wěi
remo (m)	桨	jiǎng
hélice (f)	螺旋桨	luó xuán jiǎng
cabine (m)	小舱	xiǎo cāng
sala (f) dos oficiais	旅客休息室	lǚkè xiū xī shì
sala (f) das máquinas	轮机舱	lún jī cāng
ponte (m) de comando	舰桥	jiàn qiáo
sala (f) de comunicações	无线电室	wú xiàn diàn shì
onda (f)	波	bō
diário (m) de bordo	航海日志	háng hǎi rì zhì
luneta (f)	单筒望远镜	dān tǒng wàng yuǎn jìng
sino (m)	钟	zhōng

bandeira (f)	旗	qí
cabo (m)	缆绳	lǎn shéng
nó (m)	结	jié
corrimão (m)	栏杆	lán gān
prancha (f) de embarque	舷梯	xián tī
âncora (f)	锚	máo
recolher a âncora	起锚	qǐ máo
jogar a âncora	抛锚	pāo máo
amarra (corrente de âncora)	锚链	máo liàn
porto (m)	港市	gǎng shì
cais, amarradouro (m)	码头	mǎ tóu
atracar (vi)	系泊	jì bó
desatracar (vi)	启航	qǐ háng
viagem (f)	旅行	lǚ xíng
cruzeiro (m)	航游	háng yóu
rumo (m)	航向	háng xiàng
itinerário (m)	航线	háng xiàn
canal (m) de navegação	水路	shuǐ lù
banco (m) de areia	浅水	qiǎn shuǐ
encalhar (vt)	搁浅	gē qiǎn
tempestade (f)	风暴	fēng bào
sinal (m)	信号	xìn hào
afundar-se (vr)	沉没	chén mò
SOS	求救信号	qiú jiù xìn hào
boia (f) salva-vidas	救生圈	jiù shēng quān

144. Aeroporto

aeroporto (m)	机场	jī chǎng
avião (m)	飞机	fēijī
companhia (f) aérea	航空公司	hángkōng gōngsī
controlador (m) de tráfego aéreo	调度员	diào dù yuán
partida (f)	出发	chū fā
chegada (f)	到达	dào dá
chegar (vi)	到达	dào dá
hora (f) de partida	起飞时间	qǐ fēi shíjiān
hora (f) de chegada	到达时间	dào dá shíjiān
estar atrasado	晚点	wǎn diǎn
atraso (m) de voo	班机晚点	bān jī wǎn diǎn
painel (m) de informação	航班信息板	háng bān xìn xī bǎn
informação (f)	信息	xìn xī
anunciar (vt)	通知	tōng zhī
voo (m)	航班，班机	háng bān, bān jī

alfândega (f)	海关	hǎi guān
funcionário (m) da alfândega	海关人员	hǎi guān rényuán
declaração (f) alfandegária	报关单	bào guān dān
preencher a declaração	填报关单	tián bào guān dān
controle (m) de passaporte	护照检查	hùzhào jiǎnchá
bagagem (f)	行李	xíng li
bagagem (f) de mão	手提行李	shǒu tí xíng li
carrinho (m)	行李车	xíng li chē
pouso (m)	着陆	zhuó lù
pista (f) de pouso	跑道	pǎo dào
aterrissar (vi)	着陆	zhuó lù
escada (f) de avião	舷梯	xián tī
check-in (m)	办理登机	bàn lǐ dēng jī
balcão (m) do check-in	办理登机手续处	bàn lǐ dēng jī shǒu xù chù
fazer o check-in	登记	dēng jì
cartão (m) de embarque	登机牌	dēng jī pái
portão (m) de embarque	登机口	dēng jī kǒu
trânsito (m)	中转	zhōng zhuǎn
esperar (vi, vt)	等候	děng hòu
sala (f) de espera	出发大厅	chū fā dà tīng
despedir-se (acompanhar)	送别	sòng bié
despedir-se (dizer adeus)	说再见	shuō zài jiàn

145. Bicicleta. Motocicleta

bicicleta (f)	自行车	zìxíngchē
lambreta (f)	小轮摩托车	xiǎolún mótuōchē
moto (f)	摩托车	mó tuō chē
ir de bicicleta	骑自行车去	qí zìxíngchē qù
guidão (m)	车把	chē bǎ
pedal (m)	脚蹬	jiǎo dēng
freios (m pl)	刹车	shā chē
banco, selim (m)	车座	chē zuò
bomba (f)	气筒	qì tǒng
bagageiro (m) de teto	后货架	hòu huò jià
lanterna (f)	前灯	qián dēng
capacete (m)	头盔	tóu kuī
roda (f)	轮子	lún zi
para-choque (m)	挡泥板	dǎng ní bǎn
aro (m)	轮圈	lún quān
raio (m)	辐条	fú tiáo

Carros

146. Tipos de carros

carro, automóvel (m)	汽车	qì chē
carro (m) esportivo	跑车	pǎo chē
limusine (f)	高级轿车	gāo jí jiào chē
todo o terreno (m)	越野车	yuè yě chē
conversível (m)	敞篷车	bì péng chē
minibus (m)	面包车	miàn bāo chē
ambulância (f)	救护车	jiù hù chē
limpa-neve (m)	扫雪车	sǎo xuě chē
caminhão (m)	卡车	kǎ chē
caminhão-tanque (m)	运油车	yùn yóu chē
perua, van (f)	厢式货车	xiāng shì huò chē
caminhão-trator (m)	牵引车	qiān yǐn chē
reboque (m)	拖车	tuō chē
confortável (adj)	舒适的	shū shì de
usado (adj)	二手的	èr shǒu de

147. Carros. Carroçaria

capô (m)	发动机罩	fā dòng jī zhào
para-choque (m)	挡泥板	dǎng ní bǎn
teto (m)	车顶	chē dǐng
para-brisa (m)	挡风玻璃	dǎng fēng bōli
retrovisor (m)	后视镜	hòu shì jìng
esguicho (m)	挡风玻璃清洗	dǎng fēng bōli qīng xǐ
limpadores (m) de para-brisas	雨刷	yǔ shuā
vidro (m) lateral	侧窗	cè chuāng
elevador (m) do vidro	窗升降机.	chuāng shēng jiàng jī
antena (f)	天线	tiān xiàn
teto (m) solar	顶窗	dǐng chuāng
para-choque (m)	保险杠	bǎo xiǎn gàng
porta-malas (f)	背箱	bēi xiāng
porta (f)	门	mén
maçaneta (f)	门把手	mén bǎ shǒu
fechadura (f)	门锁	mén suǒ
placa (f)	牌照	pái zhào
silenciador (m)	消音器	xiāo yīn qì

tanque (m) de gasolina	汽油箱	qì yóu xiāng
tubo (m) de exaustão	排气尾管	pái qì wěi guǎn
acelerador (m)	油门	yóu mén
pedal (m)	踏板	tà bǎn
pedal (m) do acelerador	加油踏板	jiāyóu tàbǎn
freio (m)	刹车	shā chē
pedal (m) do freio	刹车踏板	shā chē tà bǎn
frear (vt)	刹车	shā chē
freio (m) de mão	手刹	shǒu chà
embreagem (f)	离合器	líhéqì
pedal (m) da embreagem	离合器踏板	líhéqì tàbǎn
disco (m) de embreagem	离合器圆盘	líhéqì yuánpán
amortecedor (m)	减震器	jiǎn zhèn qì
roda (f)	轮	lún
pneu (m) estepe	备用轮胎	bèi yòng lún tāi
calota (f)	轮圈盖	lún quān gài
rodas (f pl) motrizes	传动轮	chuán dòng lún
de tração dianteira	前轮驱动	qián lún qū dòng
de tração traseira	后轮传动	hòu lún chuán dòng
de tração às 4 rodas	全轮驱动	quán lún qū dòng
caixa (f) de mudanças	变速箱	biàn sù xiāng
automático (adj)	自动	zì dòng
mecânico (adj)	机械式	jī xiè shì
alavanca (f) de câmbio	变速杆	biàn sù gǎn
farol (m)	前灯	qián dēng
faróis (m pl)	前灯	qián dēng
farol (m) baixo	近灯	jìn dēng
farol (m) alto	远光灯	yuǎn guāng dēng
luzes (f pl) de parada	刹车灯	shā chē dēng
luzes (f pl) de posição	位置灯	wèi shi dēng
luzes (f pl) de emergência	危险信号灯	wēi xiǎn xìn hào dēng
faróis (m pl) de neblina	雾灯	wù dēng
pisca-pisca (m)	转向灯	zhuǎi xiàng dēng
luz (f) de marcha ré	倒车灯	dào chē dēng

148. Carros. Habitáculo

interior (do carro)	乘客室	chéng kè shì
de couro	皮革 … , 皮的	pí gé …, pí de
de veludo	丝绒的	sī róng de
estofamento (m)	座椅套	zuò yǐ tào
indicador (m)	仪表	yí biǎo
painel (m)	仪表板	yí biǎo bǎn
velocímetro (m)	速度计	sù dù jì

ponteiro (m)	针	zhēn
hodômetro, odômetro (m)	里程表	lǐ chéng biǎo
indicador (m)	指示灯	zhǐ shì dēng
nível (m)	液位	yè wèi
luz (f) de aviso	指示灯	zhǐ shì dēng
volante (m)	方向盘	fāng xiàng pán
buzina (f)	喇叭	lǎ ba
botão (m)	按钮	àn niǔ
interruptor (m)	开关	kāi guān
assento (m)	座	zuò
costas (f pl) do assento	靠背	kào bèi
cabeceira (f)	头枕	tóu zhěn
cinto (m) de segurança	安全带	ān quán dài
apertar o cinto	系上安全带	jìshang ān quán dài
ajuste (m)	调整	tiáo zhěng
airbag (m)	安全气袋	ān quán qì dài
ar (m) condicionado	空调	kōng tiáo
rádio (m)	汽车音响	qì chē yīn xiǎng
leitor (m) de CD	CD播放器	cidi bōfàngqì
ligar (vt)	打开	dǎ kāi
antena (f)	天线	tiān xiàn
porta-luvas (m)	手套箱	shǒu tào xiāng
cinzeiro (m)	烟灰缸	yān huī gāng

149. Carros. Motor

motor (m)	发动机	fā dòng jī
a diesel	柴油 ⋯	chái yóu …
a gasolina	汽油 ⋯	qì yóu …
cilindrada (f)	发动机体积	fādòngjī tǐjī
potência (f)	功率	gōng lù
cavalo (m) de potência	马力	mǎ lì
pistão (m)	活塞	huó sāi
cilindro (m)	汽缸	qì gāng
válvula (f)	气门	qì mén
injetor (m)	注射器	zhù shè qì
gerador (m)	发电机	fā diàn jī
carburador (m)	汽化器	qì huà qì
óleo (m) de motor	机油	jī yóu
radiador (m)	散热器	sàn rè qì
líquido (m) de arrefecimento	冷却液	lěng què yè
ventilador (m)	冷却风扇	lěngquè fēng shàn
bateria (f)	蓄电池	xù diàn chí
dispositivo (m) de arranque	起动机	qǐ dòng jī
ignição (f)	点火装置	diǎn huǒ zhuāng zhì
vela (f) de ignição	火花塞	huǒ huā sāi

terminal (m)	端子	duān zi
terminal (m) positivo	加号	jiā hào
terminal (m) negativo	减号	jiǎn hào
fusível (m)	保险丝	bǎo xiǎn sī
filtro (m) de ar	空气滤清器	kōngqì lǜqīngqì
filtro (m) de óleo	机油滤清器	jīyóu lǜqīngqì
filtro (m) de combustível	燃料滤清器	ránliào lǜqīngqì

150. Carros. Batidas. Reparação

acidente (m) de carro	车祸	chē huò
acidente (m) rodoviário	车祸	chē huò
bater (~ num muro)	撞上 …	zhuàng shàng …
sofrer um acidente	出事故	chū shì gù
dano (m)	损坏	sǔn huài
intato	完好无损	wán hǎo wú sǔn
avariar (vi)	出毛病	chū máo bìng
cabo (m) de reboque	拖缆	tuō lǎn
furo (m)	扎破	zhā pò
estar furado	漏气	lòu qì
encher (vt)	充气，打气	chōng qì, dǎ qì
pressão (f)	压力	yā lì
verificar (vt)	检查	jiǎn chá
reparo (m)	修理	xiū lǐ
oficina (f) automotiva	汽车修理厂	qì chē xiū lǐ chǎng
peça (f) de reposição	零件	líng jiàn
peça (f)	部件	bù jiàn
parafuso (com porca)	螺栓	luó shuān
parafuso (m)	螺钉	luó dīng
porca (f)	螺帽	luó mào
arruela (f)	垫片	diàn piàn
rolamento (m)	轴承	zhóu chéng
tubo (m)	管	guǎn
junta, gaxeta (f)	垫圈	diàn quān
fio, cabo (m)	电线	diàn xiàn
macaco (m)	千斤顶	qiān jīn dǐng
chave (f) de boca	扳手	bān shǒu
martelo (m)	锤子	chuí zi
bomba (f)	气筒	qì tǒng
chave (f) de fenda	螺丝刀	luó sī dāo
extintor (m)	灭火器	miè huǒ qì
triângulo (m) de emergência	三角警告牌	sān jiǎo jǐng gào pái
morrer (motor)	突然熄火	tū rán xī huǒ
paragem, "morte" (f)	突然熄火	tū rán xī huǒ
estar quebrado	抛锚	pāo máo

superaquecer-se (vr)	变得过热	biànde guò rè
entupir-se (vr)	堵塞	dǔ sè
congelar-se (vr)	结冰	jié bīng
rebentar (vi)	胀破	zhàng pò
pressão (f)	压力	yā lì
nível (m)	液位	yè wèi
frouxo (adj)	松弛的	sōng chí de
batida (f)	凹痕	āo hén
ruído (m)	敲缸	qiāo gāng
fissura (f)	裂纹	liè wén
arranhão (m)	划痕	huà hén

151. Carros. Estrada

estrada (f)	路	lù
rodovia (f)	公路	gōng lù
direção (f)	方向	fāng xiàng
distância (f)	距离	jùlí
ponte (f)	桥	qiáo
parque (m) de estacionamento	停车场	tíng chē cháng
praça (f)	广场	guǎng chǎng
nó (m) rodoviário	互通式立交桥	hù tōng shì lì jiāo qiáo
túnel (m)	隧道	suì dào
posto (m) de gasolina	加油站	jiā yóu zhàn
parque (m) de estacionamento	停车场	tíng chē cháng
bomba (f) de gasolina	气体泵	qì tǐ bèng
oficina (f) automotiva	汽车修理厂	qì chē xiū lǐ chǎng
abastecer (vt)	加汽油	jiā qì yóu
combustível (m)	燃料	rán liào
galão (m) de gasolina	汽油罐	qì yóu guàn
asfalto (m)	柏油	bǎi yóu
marcação (f) de estradas	道路标记	dào lù biāo jì
meio-fio (m)	路缘	lù yuán
guard-rail (m)	高速路护栏	gāo sù lù hù lán
valeta (f)	边沟	biān gōu
acostamento (m)	路边	lù biān
poste (m) de luz	路灯，街灯	lù dēng, jiē dēng
dirigir (vt)	开车	kāi chē
virar (~ para a direita)	转弯	zhuǎn wān
dar retorno	掉头	diào tóu
ré (f)	倒车档	dào chē dàng
buzinar (vi)	鸣笛	míng dí
buzina (f)	汽车喇叭声	qìchē lǎ ba shēng
atolar-se (vr)	泥沼	ní zhǎo
patinar (na lama)	空转	kōng zhuàn
desligar (vt)	停止	tíng zhǐ
velocidade (f)	速度	sù dù

exceder a velocidade	超速	chāo sù
multar (vt)	罚款	fá kuǎn
semáforo (m)	红绿灯	hóng lǜ dēng
carteira (f) de motorista	驾驶证	jià shǐ zhèng

passagem (f) de nível	平交道	píng jiāo dào
cruzamento (m)	十字路口	shí zì lù kǒu
faixa (f)	人行横道	rén xíng héng dào
curva (f)	转弯	zhuǎn wān
zona (f) de pedestres	步行区	bù xíng qū

PESSOAS. EVENTOS

Eventos

152. Férias. Evento

festa (f)	庆典	qìng diǎn
feriado (m) nacional	国家假日	guó jiā jià rì
feriado (m)	公休假日	gōng xiū jià rì
festejar (vt)	庆祝	qìng zhù
evento (festa, etc.)	事件	shì jiàn
evento (banquete, etc.)	活动	huó dòng
banquete (m)	宴会	yàn huì
recepção (f)	招待会	zhāo dài huì
festim (m)	酒宴	jiǔ yàn
aniversário (m)	周年	zhōu nián
jubileu (m)	周年纪念	zhōu nián jì niàn
celebrar (vt)	庆祝	qìng zhù
Ano (m) Novo	新年	xīn nián
Feliz Ano Novo!	新年快乐!	xīn nián kuài lè!
Natal (m)	圣诞节	shèng dàn jié
Feliz Natal!	圣诞 快乐!	shèng dàn kuài lè!
árvore (f) de Natal	圣诞树	shèng dàn shù
fogos (m pl) de artifício	焰火	yàn huǒ
casamento (m)	婚礼	hūn lǐ
noivo (m)	新郎	xīn láng
noiva (f)	新娘	xīn niáng
convidar (vt)	邀请	yāo qǐng
convite (m)	邀请	yāo qǐng
convidado (m)	客人	kè rén
visitar (vt)	做客	zuò kè
receber os convidados	迎接客人	yíng jiē kè rén
presente (m)	礼物	lǐ wù
oferecer, dar (vt)	赠送	zèng sòng
receber presentes	收到礼物	shōu dào lǐ wù
buquê (m) de flores	花束	huā shù
felicitações (f pl)	祝贺	zhù hè
felicitar (vt)	祝贺	zhù hè
cartão (m) de parabéns	贺年片	hènián piàn
enviar um cartão postal	寄明信片	jì míngxìn piàn

receber um cartão postal	收明信片	shōu míngxìn piàn
brinde (m)	祝酒	zhù jiǔ
oferecer (vt)	给	gěi
champanhe (m)	香槟	xiāng bīn
divertir-se (vr)	乐趣	lè qù
diversão (f)	娱乐	yú lè
alegria (f)	欢欣	huān xīn
dança (f)	舞蹈	wǔ dǎo
dançar (vi)	跳舞	tiào wǔ
valsa (f)	华尔兹	huá ěr zī
tango (m)	探戈舞	tàn gē wǔ

153. Funerais. Enterro

cemitério (m)	墓地	mùdì
sepultura (f), túmulo (m)	墓穴	mù xué
lápide (f)	墓碑	mù bēi
cerca (f)	围栏	wéi lán
capela (f)	小教堂	xiǎo jiào táng
morte (f)	死亡	sǐ wáng
morrer (vi)	死，死亡	sǐ, sǐ wáng
defunto (m)	死人	sǐ rén
luto (m)	哀悼日	āi dào rì
enterrar, sepultar (vt)	埋葬	mái zàng
funerária (f)	殡仪馆	bìn yí guǎn
funeral (m)	葬礼	zàng lǐ
coroa (f) de flores	花圈	huā quān
caixão (m)	棺材	guān cái
carro (m) funerário	灵车	líng chē
mortalha (f)	裹尸布	guǒ shī bù
urna (f) funerária	骨灰罐	gǔ huī guàn
crematório (m)	火葬场	huǒ zàng chǎng
obituário (m), necrologia (f)	讣告，讣闻	fù gào, fù wén
chorar (vi)	哭	kū
soluçar (vi)	啜泣	chuò qì

154. Guerra. Soldados

pelotão (m)	排	pái
companhia (f)	连	lián
regimento (m)	团	tuán
exército (m)	军	jūn
divisão (f)	师	shī
esquadrão (m)	小分队	xiǎo fēn duì

hoste (f)	军队	jūn duì
soldado (m)	士兵	shì bīng
oficial (m)	军官	jūn guān
soldado (m) raso	士兵，列兵	shìbīng, lièbīng
sargento (m)	中士	zhōng shì
tenente (m)	中尉	zhōng wèi
capitão (m)	上尉	shàng wèi
major (m)	少校	shào xiào
coronel (m)	上校	shàng xiào
general (m)	将军	jiāng jūn
marujo (m)	水兵	shuǐ bīng
capitão (m)	上尉	shàng wèi
contramestre (m)	水手长	shuǐ shǒu zhǎng
artilheiro (m)	炮兵	pào bīng
soldado (m) paraquedista	伞兵	sǎn bīng
piloto (m)	飞行员	fēi xíng yuán
navegador (m)	领航员	lǐng háng yuán
mecânico (m)	机修工	jī xiū gōng
sapador-mineiro (m)	工兵	gōng bīng
paraquedista (m)	伞兵	sǎn bīng
explorador (m)	侦察兵	zhēn chá bīng
atirador (m) de tocaia	狙击手	jū jī shǒu
patrulha (f)	巡逻队	xún luó duì
patrulhar (vt)	巡逻	xún luó
sentinela (f)	哨兵	shào bīng
guerreiro (m)	勇士	yǒng shì
patriota (m)	爱国者	ài guó zhě
herói (m)	英雄	yīng xióng
heroína (f)	女英雄	nǚ yīng xióng
traidor (m)	叛徒	pàn tú
desertor (m)	逃兵	táo bīng
desertar (vt)	擅离	shàn lí
mercenário (m)	雇佣兵	gù yōng bīng
recruta (m)	新兵	xīn bīng
voluntário (m)	志愿兵	zhì yuàn bīng
morto (m)	死者	sǐ zhě
ferido (m)	伤员	shāng yuán
prisioneiro (m) de guerra	战俘	zhàn fú

155. Guerra. Ações militares. Parte 1

guerra (f)	战争	zhàn zhēng
guerrear (vt)	开战	kāi zhàn
guerra (f) civil	内战	nèi zhàn
perfidamente	背信弃义地	bèi xìn qì yì de

declaração (f) de guerra	宣战	xuān zhàn
declarar guerra	宣战	xuān zhàn
agressão (f)	侵略	qīn lüè
atacar (vt)	侵略	qīn lüè
invadir (vt)	侵略	qīn lüè
invasor (m)	侵略者	qīn lüè zhě
conquistador (m)	征服者	zhēng fú zhě
defesa (f)	国防	guó fáng
defender (vt)	保卫	bǎo wèi
defender-se (vr)	保卫	bǎo wèi
inimigo, adversário (m)	敌人	dí rén
inimigo (adj)	敌人的	dí rén de
estratégia (f)	战略	zhàn lüè
tática (f)	战术	zhàn shù
ordem (f)	命令	mìng lìng
comando (m)	命令	mìng lìng
ordenar (vt)	命令	mìng lìng
missão (f)	任务	rèn wu
secreto (adj)	秘密的	mì mì de
batalha (f)	会战	huì zhàn
combate (m)	战斗	zhàn dòu
ataque (m)	袭击	xí jī
assalto (m)	攻陷，猛攻	gōng xiàn, měng gōng
assaltar (vt)	猛攻	měng gōng
assédio, sítio (m)	包围	bāo wéi
ofensiva (f)	进攻	jìn gōng
tomar à ofensiva	进攻	jìn gōng
retirada (f)	退却	tuì què
retirar-se (vr)	退却	tuì què
cerco (m)	包围	bāo wéi
cercar (vt)	包围	bāo wéi
bombardeio (m)	轰炸	hōng zhà
lançar uma bomba	投弹	tóu dàn
bombardear (vt)	轰炸	hōng zhà
explosão (f)	爆炸	bào zhà
tiro (m)	射击	shè jī
dar um tiro	射击	shè jī
tiroteio (m)	枪击事件	qiāng jī shì jiàn
apontar para ...	瞄准	miáo zhǔn
apontar (vt)	瞄准	miáo zhǔn
acertar (vt)	击中	jī zhòng
afundar (~ um navio, etc.)	击沉	jī chén
brecha (f)	洞	dòng

afundar-se (vr)	沉没	chén mò
frente (m)	前线	qián xiàn
evacuação (f)	疏散	shū sàn
evacuar (vt)	疏散	shū sàn
arame (m) enfarpado	倒钩铁丝	dǎo gōu tiě sī
barreira (f) anti-tanque	障碍物	zhàng ài wù
torre (f) de vigia	岗楼	gǎng lóu
hospital (m) militar	医院	yī yuàn
ferir (vt)	打伤	dǎ shāng
ferida (f)	伤口	shāng kǒu
ferido (m)	伤员	shāng yuán
ficar ferido	受伤	shòu shāng
grave (ferida ~)	严重的	yán zhòng de

156. Armas

arma (f)	武器	wǔ qì
arma (f) de fogo	火器	huǒ qì
arma (f) branca	冷兵器	lěng bīng qì
arma (f) química	化学武器	huà xué wǔ qì
nuclear (adj)	核 …	hé …
arma (f) nuclear	核武器	hé wǔ qì
bomba (f)	炸弹	zhà dàn
bomba (f) atômica	原子弹	yuán zǐ dàn
pistola (f)	手枪	shǒu qiāng
rifle (m)	火枪	huǒ qiāng
semi-automática (f)	冲锋枪	chōng fēng qiāng
metralhadora (f)	机枪	jī qiāng
boca (f)	枪口	qiāng kǒu
cano (m)	枪管	qiāng guǎn
calibre (m)	口径	kǒu jìng
gatilho (m)	扳机	bān jī
mira (f)	瞄准器	miáo zhǔn qì
carregador (m)	弹匣	dàn xiá
coronha (f)	枪托	qiāng tuō
granada (f) de mão	手榴弹	shǒu liú dàn
explosivo (m)	炸药	zhà yào
bala (f)	子弹	zǐdàn
cartucho (m)	枪弹	qiāng dàn
carga (f)	弹药，火药	dàn yào, huǒ yào
munições (f pl)	弹药	dàn yào
bombardeiro (m)	轰炸机	hōng zhà jī
avião (m) de caça	歼击机	jiān jī jī
helicóptero (m)	直升飞机	zhí shēng fēi jī

canhão (m) antiaéreo	高射炮	gāo shè pào
tanque (m)	坦克	tǎn kè
canhão (de um tanque)	坦克炮	tǎn kè pào
artilharia (f)	炮	pào
fazer a pontaria	瞄准	miáo zhǔn
projétil (m)	炮弹	pào dàn
granada (f) de morteiro	迫击炮榴弹	pǎi jī pào liú dàn
morteiro (m)	迫击炮	pǎi jī pào
estilhaço (m)	碎片	suì piàn
submarino (m)	潜水艇	qián shuǐ tǐng
torpedo (m)	鱼雷	yú léi
míssil (m)	导弹	dǎo dàn
carregar (uma arma)	装弹	zhuāng dàn
disparar, atirar (vi)	射击	shè jī
apontar para …	瞄准	miáo zhǔn
baioneta (f)	刺刀	cìdāo
espada (f)	重剑	zhòng jiàn
sabre (m)	马刀	mǎ dāo
lança (f)	矛	máo
arco (m)	弓	gōng
flecha (f)	箭	jiàn
mosquete (m)	火枪	huǒ qiāng
besta (f)	弩，石弓	nǔ, shí gōng

157. Povos da antiguidade

primitivo (adj)	原始的	yuán shǐ de
pré-histórico (adj)	史前的	shǐ qián de
antigo (adj)	古代的	gǔ dài de
Idade (f) da Pedra	石器时代	shí qì shí dài
Idade (f) do Bronze	青铜时代	qīng tóng shí dài
Era (f) do Gelo	冰河时代	bīng hé shí dài
tribo (f)	部落	bù luò
canibal (m)	食人族	shí rén zú
caçador (m)	猎人	liè rén
caçar (vi)	打猎	dǎ liè
mamute (m)	猛犸	měng mǎ
caverna (f)	洞穴	dòng xué
fogo (m)	火	huǒ
fogueira (f)	火堆	huǒ duī
pintura (f) rupestre	岩画	yán huà
ferramenta (f)	工具	gōng jù
lança (f)	矛	máo
machado (m) de pedra	石斧子	shí fǔ zi
guerrear (vt)	开战	kāi zhàn

domesticar (vt)	驯养	xùn yǎng
ídolo (m)	偶像	ǒu xiàng
adorar, venerar (vt)	崇拜	chóng bài
superstição (f)	迷信	mí xìn
evolução (f)	进化	jìn huà
desenvolvimento (m)	发展	fā zhǎn
extinção (f)	消失	xiāo shī
adaptar-se (vr)	适应	shì yìng
arqueologia (f)	考古学	kǎo gǔ xué
arqueólogo (m)	考古学家	kǎo gǔ xué jiā
arqueológico (adj)	考古学的	kǎo gǔ xué de
escavação (sítio)	考古发掘现场	kǎo gǔ fā jué xiàn chǎng
escavações (f pl)	考古发掘工作	kǎo gǔ fā jué gōng zuò
achado (m)	发现	fā xiàn
fragmento (m)	碎片，碎块	suì piàn, suì kuài

158. Idade média

povo (m)	民族	mín zú
povos (m pl)	民族	mín zú
tribo (f)	部落	bù luò
tribos (f pl)	部落	bù luò
bárbaros (pl)	野蛮人	yě mán rén
galeses (pl)	高卢人	gāo lú rén
godos (pl)	哥特人	gē tè rén
eslavos (pl)	斯拉夫人	sī lā fū rén
viquingues (pl)	北欧海盗	běi ōu hǎi dào
romanos (pl)	古罗马人	gǔ luó mǎ rén
romano (adj)	罗马的	luó mǎ de
bizantinos (pl)	拜占庭人	bàizhàntíng rén
Bizâncio	拜占庭	bàizhàntíng
bizantino (adj)	拜占庭的	bàizhàntíng de
imperador (m)	皇帝	huáng dì
líder (m)	领袖	lǐng xiù
poderoso (adj)	强大的	qiáng dà de
rei (m)	国王	guó wáng
governante (m)	统治者	tǒng zhì zhě
cavaleiro (m)	骑士	qí shì
senhor feudal (m)	封建主	fēng jiàn zhǔ
feudal (adj)	封建的	fēng jiàn de
vassalo (m)	封臣	fēng chén
duque (m)	公爵	gōng jué
conde (m)	伯爵	bó jué
barão (m)	男爵	nán jué
bispo (m)	主教	zhǔ jiào

armadura (f)	盔甲	kuī jiǎ
escudo (m)	盾牌	dùn pái
espada (f)	剑	jiàn
viseira (f)	面甲	miàn jiǎ
cota (f) de malha	锁子甲	suǒ zǐ jiǎ

| cruzada (f) | 十字军远征 | shízìjūn yuǎnzhēng |
| cruzado (m) | 十字军战士 | shízìjūn zhànshì |

território (m)	领土	lǐng tǔ
atacar (vt)	侵略	qīn lüè
conquistar (vt)	征服	zhēng fú
ocupar, invadir (vt)	侵占	qīn zhàn

assédio, sítio (m)	包围	bāo wéi
sitiado (adj)	包围的	bāo wéi de
assediar, sitiar (vt)	包围	bāo wéi

inquisição (f)	宗教裁判所	zōngjiào cáipàn suǒ
inquisidor (m)	宗教裁判者	zōngjiào cáipàn zhě
tortura (f)	拷打	kǎo dǎ
cruel (adj)	残酷的	cán kù de
herege (m)	异教徒	yì jiào tú
heresia (f)	异教	yì jiào

navegação (f) marítima	航海	háng hǎi
pirata (m)	海盗	hǎi dào
pirataria (f)	海盗行为	hǎi dào xíng wéi
abordagem (f)	接舷战	jiē xián zhàn
presa (f), butim (m)	赃物	zāng wù
tesouros (m pl)	宝物	bǎo wù

descobrimento (m)	发现	fā xiàn
descobrir (novas terras)	发现	fā xiàn
expedição (f)	探险	tàn xiǎn

mosqueteiro (m)	火枪兵	huǒ qiāng bīng
cardeal (m)	红衣主教	hóng yī zhǔ jiào
heráldica (f)	徽章学	huī zhāng xué
heráldico (adj)	徽章学的	huī zhāng xué de

159. Líder. Chefe. Autoridades

rei (m)	国王	guó wáng
rainha (f)	王后，女王	wáng hòu, nǚ wáng
real (adj)	皇家的	huáng jiā de
reino (m)	王国	wáng guó

| príncipe (m) | 王子 | wáng zǐ |
| princesa (f) | 公主 | gōng zhǔ |

presidente (m)	总统	zǒng tǒng
vice-presidente (m)	副总统	fù zǒng tǒng
senador (m)	参议院	cān yì yuàn

monarca (m)	君主	jūn zhǔ
governante (m)	统治者	tǒng zhì zhě
ditador (m)	独裁者	dú cái zhě
tirano (m)	暴君	bào jūn
magnata (m)	大亨	dà hēng
diretor (m)	经理	jīng lǐ
chefe (m)	老板	lǎo bǎn
gerente (m)	主管人	zhǔ guǎn rén
patrão (m)	老板	lǎo bǎn
dono (m)	业主	yè zhǔ
chefe (m)	团长	tuán zhǎng
autoridades (f pl)	当局	dāng jú
superiores (m pl)	管理层	guǎn lǐ céng
governador (m)	省长	shěng zhǎng
cônsul (m)	领事	lǐng shì
diplomata (m)	外交官	wài jiāo guān
Presidente (m) da Câmara	市长	shì zhǎng
xerife (m)	县治安官	xiàn zhì ān guān
imperador (m)	皇帝	huáng dì
czar (m)	沙皇	shā huáng
faraó (m)	法老	fǎ lǎo
cã, khan (m)	可汗	kè hán

160. Violação da lei. Crimincsos. Parte 1

bandido (m)	匪徒	fěi tú
crime (m)	罪行	zuì xíng
criminoso (m)	罪犯	zuì fàn
ladrão (m)	小偷	xiǎo tōu
roubar (vt)	偷窃	tōu qiè
roubo (atividade)	偷盗	tōu dào
furto (m)	偷窃	tōu qiè
raptar, sequestrar (vt)	绑票	bǎng piào
sequestro (m)	绑架罪	bǎng jià zuì
sequestrador (m)	绑票者	bǎng piào zhě
resgate (m)	赎金	shú jīn
pedir resgate	要赎金	yào shú jīn
roubar (vt)	抢劫	qiǎng jié
assaltante (m)	抢劫犯	qiǎng jié fàn
extorquir (vt)	敲诈	qiāo zhà
extorsionário (m)	敲诈者	qiāo zhà zhě
extorsão (f)	敲诈罪	qiāo zhà zuì
matar, assassinar (vt)	杀死	shā sǐ
homicídio (m)	杀人	shā rén

homicida, assassino (m)	杀人犯	shā rén fàn
tiro (m)	射击	shè jī
dar um tiro	射击	shè jī
matar a tiro	枪杀	qiāng shā
disparar, atirar (vi)	射击	shè jī
tiroteio (m)	枪击事件	qiāng jī shì jiàn

incidente (m)	事故	shì gù
briga (~ de rua)	打架，打斗	dǎ jià, dǎ dòu
Socorro!	救命！	jiù mìng!
vítima (f)	受害者	shòu hài zhě

danificar (vt)	毁坏	huǐ huài
dano (m)	损失	sǔn shī
cadáver (m)	尸体	shī tǐ
grave (adj)	严重的	yán zhòng de

atacar (vt)	攻击	gōng jī
bater (espancar)	打	dǎ
espancar (vt)	痛打	tòng dǎ
tirar, roubar (dinheiro)	夺走	duó zǒu
esfaquear (vt)	捅死	tǒng sǐ
mutilar (vt)	把 … 打成残废	bǎ … dǎchéng cánfèi
ferir (vt)	打伤	dǎ shāng

chantagem (f)	勒索	lè suǒ
chantagear (vt)	勒索	lè suǒ
chantagista (m)	勒索者	lè suǒ zhě

extorsão (f)	敲诈罪	qiāo zhà zuì
extorsionário (m)	敲诈者	qiāo zhà zhě
gângster (m)	歹徒	dǎi tú
máfia (f)	黑手党	hēi shǒu dǎng

punguista (m)	小偷	xiǎo tōu
assaltante, ladrão (m)	破门盗窃者	pò mén dào qiè zhě
contrabando (m)	走私	zǒu sī
contrabandista (m)	走私者	zǒu sī zhě

falsificação (f)	伪造品	wěi zào pǐn
falsificar (vt)	伪造	wěi zào
falsificado (adj)	伪造的	wěi zào de

161. Violação da lei. Criminosos. Parte 2

estupro (m)	强奸	qiáng jiān
estuprar (vt)	强奸	qiáng jiān
estuprador (m)	强奸犯	qiáng jiān fàn
maníaco (m)	疯子	fēng zi

prostituta (f)	卖淫者，妓女	mài yín zhě, jì nǚ
prostituição (f)	卖淫	mài yín
cafetão (m)	皮条客	pí tiáo kè
drogado (m)	吸毒者	xī dú zhě

traficante (m)	毒贩子	dú fàn zi
explodir (vt)	炸毁	zhà huǐ
explosão (f)	爆炸	bào zhà
incendiar (vt)	放火	fàng huǒ
incendiário (m)	纵火犯	zòng huǒ fàn
terrorismo (m)	恐怖主义	kǒng bù zhǔ yì
terrorista (m)	恐怖分子	kǒng bù fèn zǐ
refém (m)	人质	rén zhì
enganar (vt)	欺骗	qī piàn
engano (m)	欺骗行为	qī piàn xíng wéi
vigarista (m)	骗子	piàn zi
subornar (vt)	贿赂	huì lù
suborno (atividade)	贿赂	huì lù
suborno (dinheiro)	贿赂	huì lù
veneno (m)	毒物，毒药	dú wù, dú yào
envenenar (vt)	毒死	dú sǐ
envenenar-se (vr)	服毒自杀	fú dú zì shā
suicídio (m)	自杀	zì shā
suicida (m)	自杀者	zì shā zhě
ameaçar (vt)	威胁	wēi xié
ameaça (f)	威胁	wēi xié
atentar contra a vida de …	犯罪未遂	fànzuì wèisuì
atentado (m)	杀人企图	shā rén qǐ tú
roubar (um carro)	偷	tōu
sequestrar (um avião)	劫持	jié chí
vingança (f)	报仇	bào chóu
vingar (vt)	报 … 之仇	bào … zhī chóu
torturar (vt)	拷打	kǎo dǎ
tortura (f)	拷打	kǎo dǎ
atormentar (vt)	虐待	nüè dài
pirata (m)	海盗	hǎi dào
desordeiro (m)	流氓	liú máng
armado (adj)	携带武器的	xié dài wǔ qì de
violência (f)	暴力	bào lì
espionagem (f)	间谍活动	jiàn dié huó dòng
espionar (vi)	充当间谍	chōng dāng jiàn dié

162. Polícia. Lei. Parte 1

justiça (sistema de ~)	司法	sī fǎ
tribunal (m)	法院	fǎ yuàn
juiz (m)	法官	fǎ guān
jurados (m pl)	陪审团成员	péi shěn tuán chéng yuán

| tribunal (m) do júri | 陪审团审判 | péi shěn tuán shěn pàn |
| julgar (vt) | 审判 | shěn pàn |

advogado (m)	辩护人	biàn hù rén
réu (m)	被告	bèi gào
banco (m) dos réus	被告席	bèi gào xí

| acusação (f) | 指控 | zhǐ kòng |
| acusado (m) | 被告 | bèi gào |

| sentença (f) | 判决 | pàn jué |
| sentenciar (vt) | 判处 | pàn chǔ |

culpado (m)	有罪的人	yǒu zuì de rén
punir (vt)	惩罚	chéng fá
punição (f)	惩罚	chéng fá

multa (f)	罚款	fá kuǎn
prisão (f) perpétua	无期徒刑	wú qī tú xíng
pena (f) de morte	死刑	sǐ xíng
cadeira (f) elétrica	电椅	diàn yǐ
forca (f)	绞刑架	jiǎo xíng jià

| executar (vt) | 处决 | chǔ jué |
| execução (f) | 死刑 | sǐ xíng |

| prisão (f) | 监狱 | jiā nyù |
| cela (f) de prisão | 单人牢房 | dān rén láo fáng |

escolta (f)	护送队	hù sòng duì
guarda (m) prisional	狱警	yù jǐng
preso, prisioneiro (m)	犯人，囚犯	fàn rén, qiú fàn

| algemas (f pl) | 手铐 | shǒu kào |
| algemar (vt) | 戴上手铐 | dài shang shǒu kào |

fuga, evasão (f)	逃跑	táo pǎo
fugir (vi)	逃跑	táo pǎo
desaparecer (vi)	消失	xiāo shī
soltar, libertar (vt)	获释	huò shì
anistia (f)	赦免	shè miǎn

polícia (instituição)	警察	jǐng chá
polícia (m)	警察	jǐng chá
delegacia (f) de polícia	警察局	jǐng chá jú
cassetete (m)	警棍	jǐng gùn
megafone (m)	扩音器	kuò yīn qì

carro (m) de patrulha	巡逻车	xún luó chē
sirene (f)	警报器	jǐng bào qì
ligar a sirene	开警报器	kāi jǐng bào qì
toque (m) da sirene	警报器声	jǐng bào qì shēng

cena (f) do crime	犯罪现场	fànzuì xiànchǎng
testemunha (f)	目击者	mù jī zhě
liberdade (f)	自由	zì yóu

cúmplice (m)	同犯，共犯	tóng fàn, gòng fàn
escapar (vi)	逃脱	táo tuō
traço (não deixar ~s)	脚印	jiǎo yìn

163. Polícia. Lei. Parte 2

procura (f)	寻找	xún zhǎo
procurar (vt)	寻找	xún zhǎo
suspeita (f)	怀疑	huái yí
suspeito (adj)	令人怀疑的	lìng rén huái yí de
parar (veículo, etc.)	拦住	lán zhù
deter (fazer parar)	扣押，拘留	kòu yā, jū liú
caso (~ criminal)	案件，案子	àn jiàn, àn zi
investigação (f)	侦查	zhēn chá
detetive (m)	侦探	zhēn tàn
investigador (m)	侦查员	zhēn chá yuán
versão (f)	说法	shuō fa
motivo (m)	动机	dòng jī
interrogatório (m)	讯问，审问	xùn wèn, shěn wèn
interrogar (vt)	审问	shěn wèn
questionar (vt)	询问	xún wèn
verificação (f)	检查	jiǎn chá
batida (f) policial	围捕	wéi bǔ
busca (f)	搜查	sōu chá
perseguição (f)	追捕	zhuī bǔ
perseguir (vt)	追踪	zhuī zōng
seguir, rastrear (vt)	监视	jiān shì
prisão (f)	逮捕	dài bǔ
prender (vt)	拘捕	jū bǔ
pegar, capturar (vt)	逮住	dǎi zhù
captura (f)	捕获	bǔ huò
documento (m)	文件	wén jiàn
prova (f)	证据	zhèng jù
provar (vt)	证明	zhèng míng
pegada (f)	脚印	jiǎo yìn
impressões (f pl) digitais	指纹	zhǐ wén
prova (f)	证据	zhèng jù
álibi (m)	托辞	tuō cí
inocente (adj)	无罪的	wú zuì de
injustiça (f)	非正义	fēi zhèng yì
injusto (adj)	不公正的	bù gōng zhèng de
criminal (adj)	刑事的	xíng shì de
confiscar (vt)	没收	mò shōu
droga (f)	毒品	dú pǐn
arma (f)	武器	wǔ qì
desarmar (vt)	缴械	jiǎo xiè
ordenar (vt)	命令	mìng lìng

desaparecer (vi)	消失	xiāo shī
lei (f)	法律	fǎ lǜ
legal (adj)	合法的	hé fǎ de
ilegal (adj)	非法的	fēi fǎ de
responsabilidade (f)	责任	zé rèn
responsável (adj)	负责的	fù zé de

NATUREZA

A Terra. Parte 1

164. Espaço sideral

espaço, cosmo (m)	宇宙	yǔ zhòu
espacial, cósmico (adj)	宇宙的，太空	yǔ zhòu de, tài kōng
espaço (m) cósmico	外层空间	wài céng kōng jiān
mundo, universo (m)	宇宙	yǔ zhòu
galáxia (f)	银河系	yín hé xì
estrela (f)	星，恒星	xīng, héng xīng
constelação (f)	星座	xīng zuò
planeta (m)	行星	xíng xīng
satélite (m)	卫星	wèi xīng
meteorito (m)	陨石	yǔn shí
cometa (m)	彗星	huì xīng
asteroide (m)	小行星	xiǎo xíng xīng
órbita (f)	轨道	guǐ dào
girar (vi)	公转	gōng zhuàn
atmosfera (f)	大气层	dà qì céng
Sol (m)	太阳	tài yáng
Sistema (m) Solar	太阳系	tài yáng xì
eclipse (m) solar	日食	rì shí
Terra (f)	地球	dì qiú
Lua (f)	月球	yuè qiú
Marte (m)	火星	huǒ xīng
Vênus (f)	金星	jīn xīng
Júpiter (m)	木星	mù xīng
Saturno (m)	土星	tǔ xīng
Mercúrio (m)	水星	shuǐ xīng
Urano (m)	天王星	tiān wáng xīng
Netuno (m)	海王星	hǎi wáng xīng
Plutão (m)	冥王星	míng wáng xīng
Via Láctea (f)	银河	yín hé
Ursa Maior (f)	大熊座	dà xióng zuò
Estrela Polar (f)	北极星	běi jí xīng
marciano (m)	火星人	huǒ xīng rén
extraterrestre (m)	外星人	wài xīng rén

alienígena (m)	外星人	wài xīng rén
disco (m) voador	飞碟	fēi dié
espaçonave (f)	宇宙飞船	yǔ zhòu fēi chuán
estação (f) orbital	宇宙空间站	yǔ zhòu kōng jiān zhàn
lançamento (m)	发射	fā shè
motor (m)	发动机	fā dòng jī
bocal (m)	喷嘴	pēn zuǐ
combustível (m)	燃料	rán liào
cabine (f)	座舱	zuò cāng
antena (f)	天线	tiān xiàn
vigia (f)	舷窗	xián chuāng
bateria (f) solar	太阳能电池	tàiyáng néng diànchí
traje (m) espacial	太空服	tài kōng fú
imponderabilidade (f)	失重	shī zhòng
oxigênio (m)	氧气	yǎng qì
acoplagem (f)	对接	duì jiē
fazer uma acoplagem	对接	duì jiē
observatório (m)	天文台	tiānwén tái
telescópio (m)	天文望远镜	tiānwén wàngyuǎnjìng
observar (vt)	观察到	guān chá dào
explorar (vt)	探索	tàn suǒ

165. A Terra

Terra (f)	地球	dì qiú
globo terrestre (Terra)	地球	dì qiú
planeta (m)	行星	xíng xīng
atmosfera (f)	大气层	dà qì céng
geografia (f)	地理学	dì lǐ xué
natureza (f)	自然界	zì rán jiè
globo (mapa esférico)	地球仪	dì qiú yí
mapa (m)	地图	dì tú
atlas (m)	地图册	dì tú cè
Europa (f)	欧洲	oūzhōu
Ásia (f)	亚洲	yàzhōu
África (f)	非洲	fēizhōu
Austrália (f)	澳洲	àozhōu
América (f)	美洲	měizhōu
América (f) do Norte	北美洲	běiměizhōu
América (f) do Sul	南美洲	nánměizhōu
Antártida (f)	南极洲	nánjízhōu
Ártico (m)	北极地区	běijídìqū

166. Pontos cardeais

norte (m)	北方	běi fāng
para norte	朝北	cháo běi
no norte	在北方	zài běi fāng
do norte (adj)	北方的	běi fāng de
sul (m)	南方	nán fāng
para sul	朝南	cháo nán
no sul	在南方	zài nán fāng
do sul (adj)	南方的	nán fāng de
oeste, ocidente (m)	西方	xī fāng
para oeste	朝西	cháo xī
no oeste	在西方	zài xī fāng
ocidental (adj)	西方的	xī fāng de
leste, oriente (m)	东方	dōng fāng
para leste	朝东	cháo dōng
no leste	在东方	zài dōng fāng
oriental (adj)	东方的	dōng fāng de

167. Mar. Oceano

mar (m)	海，大海	hǎi, dà hǎi
oceano (m)	海洋，大海	hǎi yáng, dà hǎi
golfo (m)	海湾	hǎi wān
estreito (m)	海峡	hǎi xiá
terra (f) firme	陆地	lù dì
continente (m)	大陆，州	dà lù, zhōu
ilha (f)	岛，海岛	dǎo, hǎi dǎo
península (f)	半岛	bàn dǎo
arquipélago (m)	群岛	qún dǎo
baía (f)	海湾	hǎi wān
porto (m)	港口	gǎng kǒu
lagoa (f)	泻湖	xiè hú
cabo (m)	海角	hǎi jiǎo
atol (m)	环状珊瑚岛	huánzhuàng shānhúdǎo
recife (m)	礁	jiāo
coral (m)	珊瑚	shān hú
recife (m) de coral	珊瑚礁	shān hú jiāo
profundo (adj)	深的	shēn de
profundidade (f)	深度	shēn dù
abismo (m)	深渊	shēn yuān
fossa (f) oceânica	海沟	hǎi gōu
corrente (f)	水流	shuǐ liú
banhar (vt)	环绕	huán rào
litoral (m)	岸	àn

costa (f)	海岸，海滨	hǎi àn, hǎi bīn
maré (f) alta	高潮	gāo cháo
refluxo (m)	落潮	luò cháo
restinga (f)	沙洲	shā zhōu
fundo (m)	海底	hǎi dǐ
onda (f)	波浪	bō làng
crista (f) da onda	浪峰	làng fēng
espuma (f)	泡沫	pào mò
tempestade (f)	风暴	fēng bào
furacão (m)	飓风	jù fēng
tsunami (m)	海啸	hǎi xiào
calmaria (f)	风平浪静	fēng píng làng jìng
calmo (adj)	平静的	píng jìng de
polo (m)	北极	běi jí
polar (adj)	北极的	běi jí de
latitude (f)	纬度	wěi dù
longitude (f)	经度	jīng dù
paralela (f)	纬线	wěi xiàn
equador (m)	赤道	chì dào
céu (m)	天	tiān
horizonte (m)	地平线	dì píng xiàn
ar (m)	空气	kōng qì
farol (m)	灯塔	dēng tǎ
mergulhar (vi)	跳水	tiào shuǐ
afundar-se (vr)	沉没	chén mò
tesouros (m pl)	宝物	bǎo wù

168. Montanhas

montanha (f)	山	shān
cordilheira (f)	山脉	shān mài
serra (f)	山脊	shān jǐ
cume (m)	山顶	shān dǐng
pico (m)	山峰	shān fēng
pé (m)	山脚	shān jiǎo
declive (m)	山坡	shān pō
vulcão (m)	火山	huǒ shān
vulcão (m) ativo	活火山	huó huǒ shān
vulcão (m) extinto	死火山	sǐ huǒ shān
erupção (f)	喷发	pèn fā
cratera (f)	火山口	huǒ shān kǒu
magma (m)	岩浆	yán jiāng
lava (f)	熔岩	róng yán
fundido (lava ~a)	炽热的	chì rè de
cânion, desfiladeiro (m)	峡谷	xiá gǔ

| garganta (f) | 峡谷 | xiá gǔ |
| fenda (f) | 裂罅 | liè xià |

passo, colo (m)	山口	shān kǒu
planalto (m)	高原	gāo yuán
falésia (f)	悬崖	xuán yá
colina (f)	小山	xiǎo shān

geleira (f)	冰川，冰河	bīng chuān, bīng hé
cachoeira (f)	瀑布	pù bù
gêiser (m)	间歇泉	jiàn xiē quán
lago (m)	湖	hú

planície (f)	平原	píng yuán
paisagem (f)	风景	fēng jǐng
eco (m)	回声	huí shēng

alpinista (m)	登山家	dēng shān jiā
escalador (m)	攀岩者	pān yán zhě
conquistar (vt)	征服	zhēng fú
subida, escalada (f)	登山	dēng shān

169. Rios

rio (m)	河，江	hé, jiāng
fonte, nascente (f)	泉，泉水	quán, quán shuǐ
leito (m) de rio	河床	hé chuáng
bacia (f)	流域	liú yù
desaguar no ...	流入	liú rù

| afluente (m) | 支流 | zhī liú |
| margem (do rio) | 岸 | àn |

corrente (f)	水流	shuǐ liú
rio abaixo	顺流而下	shùn liú ér xià
rio acima	溯流而上	sù liú ér shàng

inundação (f)	洪水	hóng shuǐ
cheia (f)	水灾	shuǐ zāi
transbordar (vi)	溢出	yì chū
inundar (vt)	淹没	yān mò

| banco (m) de areia | 浅水 | qiǎn shuǐ |
| corredeira (f) | 急流 | jí liú |

barragem (f)	坝，堤坝	bà, dī bà
canal (m)	运河	yùn hé
reservatório (m) de água	水库	shuǐ kù
eclusa (f)	水闸	shuǐ zhá

corpo (m) de água	水体	shuǐ tǐ
pântano (m)	沼泽	zhǎo zé
lamaçal (m)	烂泥塘	làn ní táng
redemoinho (m)	漩涡	xuán wō

riacho (m)	小溪	xiǎo xī
potável (adj)	饮用的	yǐn yòng de
doce (água)	淡水的	dàn shuǐ de
gelo (m)	冰	bīng
congelar-se (vr)	封冻	fēng dòng

170. Floresta

floresta (f), bosque (m)	森林，树林	sēn lín, shù lín
florestal (adj)	树林的	shù lín de
mata (f) fechada	密林	mì lín
arvoredo (m)	小树林	xiǎo shù lín
clareira (f)	林中草地	lín zhōng cǎo dì
matagal (m)	灌木丛	guàn mù cóng
mato (m), caatinga (f)	灌木林	guàn mù lín
pequena trilha (f)	小道	xiǎo dào
ravina (f)	冲沟	chōng gōu
árvore (f)	树，乔木	shù, qiáo mù
folha (f)	叶子	yè zi
folhagem (f)	树叶	shù yè
queda (f) das folhas	落叶	luò yè
cair (vi)	凋落	diāo luò
topo (m)	树梢	shù shāo
ramo (m)	树枝	shù zhī
galho (m)	粗树枝	cū shù zhī
botão (m)	芽	yá
agulha (f)	针叶	zhēn yè
pinha (f)	球果	qiú guǒ
buraco (m) de árvore	树洞	shù dòng
ninho (m)	鸟窝	niǎo wō
toca (f)	洞穴，兽穴	dòng xué, shòu xué
tronco (m)	树干	shù gàn
raiz (f)	树根	shù gēn
casca (f) de árvore	树皮	shùpí
musgo (m)	苔藓	tái xiǎn
arrancar pela raiz	根除	gēn chú
cortar (vt)	砍倒	kǎn dǎo
desflorestar (vt)	砍伐森林	kǎn fá sēn lín
toco, cepo (m)	树桩	shù zhuāng
fogueira (f)	篝火	gōu huǒ
incêndio (m) florestal	森林火灾	sēn lín huǒ zāi
apagar (vt)	扑灭	pū miè
guarda-parque (m)	护林员	hù lín yuán

proteção (f)	保护	bǎo hù
proteger (a natureza)	保护	bǎo hù
caçador (m) furtivo	偷猎者	tōu liè zhě
armadilha (f)	陷阱	xiàn jǐng

| colher (cogumelos, bagas) | 采集 | cǎi jí |
| perder-se (vr) | 迷路 | mí lù |

171. Recursos naturais

recursos (m pl) naturais	自然资源	zìrán zī yuán
minerais (m pl)	矿物	kuàng wù
depósitos (m pl)	矿层	kuàng céng
jazida (f)	矿田	kuàng tián

extrair (vt)	开采	kāi cǎi
extração (f)	采矿业	cǎi kuàng yè
minério (m)	矿石	kuàng shí
mina (f)	矿，矿山	kuàng, kuàng shān
poço (m) de mina	矿井	kuàng jǐng
mineiro (m)	矿工	kuàng gōng

| gás (m) | 煤气 | méi qì |
| gasoduto (m) | 煤气管道 | méi qì guǎn dào |

petróleo (m)	石油	shí yóu
oleoduto (m)	油管	yóu guǎn
poço (m) de petróleo	石油钻塔	shí yóu zuān tǎ
torre (f) petrolífera	钻油塔	zuān yóu tǎ
petroleiro (m)	油船，油轮	yóu chuán, yóu lún

areia (f)	沙，沙子	shā, shā zi
calcário (m)	石灰石	shí huī shí
cascalho (m)	砾石	lì shí
turfa (f)	泥煤	ní méi
argila (f)	粘土	nián tǔ
carvão (m)	煤	méi

ferro (m)	铁	tiě
ouro (m)	黄金	huáng jīn
prata (f)	银	yín
níquel (m)	镍	niè
cobre (m)	铜	tóng

| zinco (m) | 锌 | xīn |
| manganês (m) | 锰 | měng |

| mercúrio (m) | 水银 | shuǐ yín |
| chumbo (m) | 铅 | qiān |

mineral (m)	矿物	kuàng wù
cristal (m)	结晶	jié jīng
mármore (m)	大理石	dà lǐ shí
urânio (m)	铀	yóu

A Terra. Parte 2

172. Tempo

tempo (m)	天气	tiān qì
previsão (f) do tempo	气象预报	qìxiàng yùbào
temperatura (f)	温度	wēn dù
termômetro (m)	温度表	wēn dù biǎo
barômetro (m)	气压表	qì yā biǎo
umidade (f)	空气湿度	kōng qì shī dù
calor (m)	炎热	yán rè
tórrido (adj)	热的	rè de
está muito calor	天气热	tiān qì rè
está calor	天气暖	tiān qì nuǎn
quente (morno)	暖和的	nuǎn huo de
está frio	天气冷	tiān qì lěng
frio (adj)	冷的	lěng de
sol (m)	太阳	tài yáng
brilhar (vi)	发光	fā guāng
de sol, ensolarado	阳光充足的	yáng guāng chōng zú de
nascer (vi)	升起	shēng qǐ
pôr-se (vr)	落山	luò shān
nuvem (f)	云	yún
nublado (adj)	多云的	duō yún de
nuvem (f) preta	乌云	wū yún
escuro, cinzento (adj)	阴沉的	yīn chén de
chuva (f)	雨	yǔ
está a chover	下雨	xià yǔ
chuvoso (adj)	雨 … ，多雨的	yǔ …, duō yǔ de
chuviscar (vi)	下毛毛雨	xià máo máo yǔ
chuva (f) torrencial	倾盆大雨	qīng pén dà yǔ
aguaceiro (m)	暴雨	bào yǔ
forte (chuva, etc.)	大 …	dà …
poça (f)	水洼	shuǐ wā
molhar-se (vr)	淋湿	lín shī
nevoeiro (m)	雾气	wù qì
de nevoeiro	多雾的	duō wù de
neve (f)	雪	xuě
está nevando	下雪	xià xuě

173. Tempo extremo. Catástrofes naturais

trovoada (f)	大雷雨	dà léi yǔ
relâmpago (m)	闪电	shǎn diàn
relampejar (vi)	闪光	shǎn guāng
trovão (m)	雷，雷声	léi, léi shēng
trovejar (vi)	打雷	dǎ léi
está trovejando	打雷	dǎ léi
granizo (m)	雹子	báo zi
está caindo granizo	下冰雹	xià bīng báo
inundar (vt)	淹没	yān mò
inundação (f)	洪水	hóng shuǐ
terremoto (m)	地震	dì zhèn
abalo, tremor (m)	震动	zhèn dòng
epicentro (m)	震中	zhèn zhōng
erupção (f)	喷发	pèn fā
lava (f)	熔岩	róng yán
tornado (m)	旋风	xuànfēng
tornado (m)	龙卷风	lóng juàn fēng
tufão (m)	台风	tái fēng
furacão (m)	飓风	jù fēng
tempestade (f)	风暴	fēng bào
tsunami (m)	海啸	hǎi xiào
ciclone (m)	气旋	qì xuán
mau tempo (m)	恶劣天气	è liè tiān qì
incêndio (m)	火灾	huǒ zāi
catástrofe (f)	灾难	zāi nàn
meteorito (m)	陨石	yǔn shí
avalanche (f)	雪崩	xuě bēng
deslizamento (m) de neve	雪崩	xuě bēng
nevasca (f)	暴风雪	bào fēng xuě
tempestade (f) de neve	暴风雪	bào fēng xuě

Fauna

174. Mamíferos. Predadores

predador (m)	捕食者	bǔ shí zhě
tigre (m)	老虎	lǎo hǔ
leão (m)	狮子	shī zi
lobo (m)	狼	láng
raposa (f)	狐狸	húli
jaguar (m)	美洲豹	měi zhōu bào
leopardo (m)	豹	bào
chita (f)	猎豹	liè bào
pantera (f)	豹	bào
puma (m)	美洲狮	měi zhōu shī
leopardo-das-neves (m)	雪豹	xuě bào
lince (m)	猞猁	shē lì
coiote (m)	丛林狼	cóng lín láng
chacal (m)	豺	chái
hiena (f)	鬣狗	liè gǒu

175. Animais selvagens

animal (m)	动物	dòng wù
besta (f)	兽	shòu
esquilo (m)	松鼠	sōng shǔ
ouriço (m)	刺猬	cì wei
lebre (f)	野兔	yě tù
coelho (m)	家兔	jiā tù
texugo (m)	獾	huān
guaxinim (m)	浣熊	huàn xióng
hamster (m)	仓鼠	cāng shǔ
marmota (f)	土拨鼠	tǔ bō shǔ
toupeira (f)	鼹鼠	yǎn shǔ
rato (m)	老鼠	lǎo shǔ
ratazana (f)	大家鼠	dà jiā shǔ
morcego (m)	蝙蝠	biān fú
arminho (m)	白鼬	bái yòu
zibelina (f)	黑貂	hēi diāo
marta (f)	貂	diāo
doninha (f)	银鼠	yín shǔ
visom (m)	水貂	shuǐ diāo

castor (m)	海狸	hǎi lí
lontra (f)	水獭	shuǐ tǎ
cavalo (m)	马	mǎ
alce (m)	驼鹿	tuó lù
veado (m)	鹿	lù
camelo (m)	骆驼	luò tuo
bisão (m)	美洲野牛	měizhōu yěniú
auroque (m)	欧洲野牛	oūzhōu yěniú
búfalo (m)	水牛	shuǐ niú
zebra (f)	斑马	bān mǎ
antílope (m)	羚羊	líng yáng
corça (f)	狍子	páo zi
gamo (m)	扁角鹿	biǎn jiǎo lù
camurça (f)	岩羚羊	yán líng yáng
javali (m)	野猪	yě zhū
baleia (f)	鲸	jīng
foca (f)	海豹	hǎi bào
morsa (f)	海象	hǎi xiàng
urso-marinho (m)	海狗	hǎi gǒu
golfinho (m)	海豚	hǎi tún
urso (m)	熊	xióng
urso (m) polar	北极熊	běi jí xióng
panda (m)	熊猫	xióng māo
macaco (m)	猴子	hóu zi
chimpanzé (m)	黑猩猩	hēi xīng xing
orangotango (m)	猩猩	xīng xing
gorila (m)	大猩猩	dà xīng xing
macaco (m)	猕猴	mí hóu
gibão (m)	长臂猿	cháng bì yuán
elefante (m)	象	xiàng
rinoceronte (m)	犀牛	xī niú
girafa (f)	长颈鹿	cháng jǐng lù
hipopótamo (m)	河马	hé mǎ
canguru (m)	袋鼠	dài shǔ
coala (m)	树袋熊	shù dài xióng
mangusto (m)	猫鼬	māo yòu
chinchila (f)	毛丝鼠	máo sī shǔ
cangambá (f)	臭鼬	chòu yòu
porco-espinho (m)	箭猪	jiàn zhū

176. Animais domésticos

gata (f)	母猫	mǔ māo
gato (m) macho	雄猫	xióng māo
cavalo (m)	马	mǎ

garanhão (m)	公马	gōng mǎ
égua (f)	母马	mǔ mǎ
vaca (f)	母牛	mǔ niú
touro (m)	公牛	gōng niú
boi (m)	阉牛	yān niú
ovelha (f)	羊，绵羊	yáng, mián yáng
carneiro (m)	公绵羊	gōng mián yáng
cabra (f)	山羊	shān yáng
bode (m)	公山羊	gōng shān yáng
burro (m)	驴	lǘ
mula (f)	骡子	luó zi
porco (m)	猪	zhū
leitão (m)	小猪	xiǎo zhū
coelho (m)	家兔	jiā tù
galinha (f)	母鸡	mǔ jī
galo (m)	公鸡	gōng jī
pata (f), pato (m)	鸭子	yā zi
pato (m)	公鸭子	gōng yā zi
ganso (m)	鹅	é
peru (m)	雄火鸡	xióng huǒ jī
perua (f)	火鸡	huǒ jī
animais (m pl) domésticos	家畜	jiā chù
domesticado (adj)	驯化的	xùn huà de
domesticar (vt)	驯化	xùn huà
criar (vt)	饲养	sì yǎng
fazenda (f)	农场	nóng chǎng
aves (f pl) domésticas	家禽	jiā qín
gado (m)	牲畜	shēng chù
rebanho (m), manada (f)	群	qún
estábulo (m)	马厩	mǎ jiù
chiqueiro (m)	猪圈	zhū jiàn
estábulo (m)	牛棚	niú péng
coelheira (f)	兔舍	tù shè
galinheiro (m)	鸡窝	jī wō

177. Cães. Raças de cães

cão (m)	狗，犬	gǒu, quǎn
cão pastor (m)	牧羊犬	mù yáng quǎn
poodle (m)	贵宾犬	guì bīn quǎn
linguicinha (m)	达克斯狗	dá kè sī gǒu
buldogue (m)	斗牛狗	dǒu niú gǒu
boxer (m)	拳师狗	quán shī gǒu

mastim (m)	英国獒犬	yīngguó áo quǎn
rottweiler (m)	罗特韦尔犬	luótèwéiěr quǎn
dóberman (m)	杜宾犬	dù bīn quǎn
basset (m)	矮腿猎犬	ǎi tuǐ liè quǎn
pastor inglês (m)	英国古代牧羊犬	yīngguó gǔdàimùyáng quǎn
dálmata (m)	斑点狗	bān diǎn gǒu
cocker spaniel (m)	可卡犬	kě kǎ quǎn
terra-nova (m)	纽芬兰犬	niǔfēnlán quǎn
são-bernardo (m)	圣伯纳犬	shèng bǎi nà quǎn
husky (m) siberiano	哈士奇	hā shì jī
Chow-chow (m)	松狮犬	sōng shī quǎn
spitz alemão (m)	斯皮茨	sī pí cí
pug (m)	巴哥犬	bā gē quǎn

178. Sons produzidos pelos animais

latido (m)	狗吠声	gǒu fèi shēng
latir (vi)	吠	fèi
miar (vi)	喵喵叫	miāo miāo jiào
ronronar (vi)	发出呼噜声	fā chū hū lū shēng
mugir (vaca)	哞哞叫	mōu mōu jiào
bramir (touro)	咆哮	páo xiāo
rosnar (vi)	低声吼叫	dī shēng hǒu jiào
uivo (m)	嚎叫声	háo jiào shēng
uivar (vi)	嗥叫	háo jiào
ganir (vi)	呜呜声	wū wū shēng
balir (vi)	咩咩叫	miē miē jiào
grunhir (vi)	发哼哼声	fā hēng hēng shēng
guinchar (vi)	发吱吱声	fā zī zī shēng
coaxar (sapo)	呱呱地叫	guā guā de jiào
zumbir (inseto)	嗡嗡叫	wēng wēng jiào
ziziar (vi)	鸣叫	míng jiào

179. Pássaros

pássaro (m), ave (f)	鸟	niǎo
pombo (m)	鸽子	gē zi
pardal (m)	麻雀	má què
chapim-real (m)	山雀	shān què
pega-rabuda (f)	喜鹊	xǐ què
corvo (m)	渡鸦	dù yā
gralha-cinzenta (f)	乌鸦	wū yā
gralha-de-nuca-cinzenta (f)	穴鸟	xué niǎo
gralha-calva (f)	秃鼻乌鸦	tū bí wū yā

pato (m)	鸭子	yā zi
ganso (m)	鹅	é
faisão (m)	野鸡	yě jī
águia (f)	鹰	yīng
açor (m)	鹰，隼	yīng, sǔn
falcão (m)	隼，猎鹰	sǔn, liè yīng
abutre (m)	秃鹫	tū jiù
condor (m)	神鹰	shén yīng
cisne (m)	天鹅	tiān é
grou (m)	鹤	hè
cegonha (f)	鹳	guàn
papagaio (m)	鹦鹉	yīng wǔ
beija-flor (m)	蜂鸟	fēng niǎo
pavão (m)	孔雀	kǒng què
avestruz (m)	鸵鸟	tuó niǎo
garça (f)	鹭	lù
flamingo (m)	火烈鸟	huǒ liè niǎo
pelicano (m)	鹈鹕	tí hú
rouxinol (m)	夜莺	yè yīng
andorinha (f)	燕子	yàn zi
tordo-zornal (m)	田鸫	tián dōng
tordo-músico (m)	歌鸫	gē jiū
melro-preto (m)	乌鸫	wū dōng
andorinhão (m)	雨燕	yǔ yàn
cotovia (f)	云雀	yún què
codorna (f)	鹌鹑	ān chún
pica-pau (m)	啄木鸟	zhuó mù niǎo
cuco (m)	布谷鸟	bù gǔ niǎo
coruja (f)	猫头鹰	māo tóu yīng
bufo-real (m)	雕号鸟	diāo hào niǎo
tetraz-grande (m)	松鸡	sōng jī
tetraz-lira (m)	黑琴鸡	hēi qín jī
perdiz-cinzenta (f)	山鹑	shān chún
estorninho (m)	椋鸟	liáng niǎo
canário (m)	金丝雀	jīn sī què
galinha-do-mato (f)	花尾秦鸡	huā yǐ qín jī
tentilhão (m)	苍头燕雀	cāng tóu yàn què
dom-fafe (m)	红腹灰雀	hóng fù huī què
gaivota (f)	海鸥	hǎi ōu
albatroz (m)	信天翁	xìn tiān wēng
pinguim (m)	企鹅	qǐ é

180. Pássaros. Canto e sons

cantar (vi)	唱歌	chàng gē
gritar, chamar (vi)	叫喊	jiào hǎn

cantar (o galo)	喔喔啼	wō wō tí
cocorocó (m)	喔喔声	wō wō shēng
cacarejar (vi)	咯咯叫	luò luò jiào
crocitar (vi)	鸦叫	yā jiào
grasnar (vi)	嘎嘎叫	gā gā jiào
piar (vi)	咬咬叫	zī zī jiào
chilrear, gorjear (vi)	鸟叫，啾啾叫	niǎo jiào, jiū jiū jiào

181. Peixes. Animais marinhos

brema (f)	鳊鱼	biān yú
carpa (f)	鲤鱼	lǐyú
perca (f)	鲈鱼	lú yú
siluro (m)	鲶鱼	nián yú
lúcio (m)	狗鱼	gǒu yú
salmão (m)	鲑鱼	guī yú
esturjão (m)	鲟鱼	xú nyú
arenque (m)	鲱鱼	fēi yú
salmão (m) do Atlântico	大西洋鲑	dà xī yáng guī
cavala, sarda (f)	鲭鱼	qīng yú
solha (f), linguado (m)	比目鱼	bǐ mù yú
lúcio perca (m)	白梭吻鲈	bái suō wěn lú
bacalhau (m)	鳕鱼	xuě yú
atum (m)	金枪鱼	jīn qiāng yú
truta (f)	鳟鱼	zūn yú
enguia (f)	鳗鱼；鳝鱼	mán yú, shàn yú
raia (f) elétrica	电鳐目	diàn yáo mù
moreia (f)	海鳝	hǎi shàn
piranha (f)	食人鱼	shí rén yú
tubarão (m)	鲨鱼	shā yú
golfinho (m)	海豚	hǎi tún
baleia (f)	鲸	jīng
caranguejo (m)	螃蟹	páng xiè
água-viva (f)	海蜇	hǎi zhē
polvo (m)	章鱼	zhāng yú
estrela-do-mar (f)	海星	hǎi xīng
ouriço-do-mar (m)	海胆	hǎi dǎn
cavalo-marinho (m)	海马	hǎi mǎ
ostra (f)	牡蛎	mǔ lì
camarão (m)	虾，小虾	xiā, xiǎo xiā
lagosta (f)	螯龙虾	áo lóng xiā
lagosta (f)	龙虾科	lóng xiā kē

182. Anfíbios. Répteis

cobra (f)	蛇	shé
venenoso (adj)	有毒的	yǒu dú de
víbora (f)	蝮蛇	fù shé
naja (f)	眼镜蛇	yǎn jìng shé
píton (m)	蟒蛇	mǎng shé
jiboia (f)	大蟒蛇	dà mǎng shé
cobra-de-água (f)	水游蛇	shuǐ yóu shé
cascavel (f)	响尾蛇	xiǎng wěi shé
anaconda (f)	森蚺	sēn rán
lagarto (m)	蜥蜴	xī yì
iguana (f)	鬣鳞蜥	liè lín xī
varano (m)	巨蜥	jù xī
salamandra (f)	蝾螈	róng yuán
camaleão (m)	变色龙	biàn sè lóng
escorpião (m)	蝎子	xiē zi
tartaruga (f)	龟	guī
rã (f)	青蛙	qīng wā
sapo (m)	蟾蜍	chán chú
crocodilo (m)	鳄鱼	è yú

183. Insetos

inseto (m)	昆虫	kūn chóng
borboleta (f)	蝴蝶	hú dié
formiga (f)	蚂蚁	mǎ yǐ
mosca (f)	苍蝇	cāng yíng
mosquito (m)	蚊子	wén zi
escaravelho (m)	甲虫	jiǎ chóng
vespa (f)	黄蜂	huáng fēng
abelha (f)	蜜蜂	mì fēng
mamangaba (f)	熊蜂	xióng fēng
moscardo (m)	牛虻	niú méng
aranha (f)	蜘蛛	zhī zhū
teia (f) de aranha	蜘蛛网	zhī zhū wǎng
libélula (f)	蜻蜓	qīng tíng
gafanhoto (m)	蝗虫	huáng chóng
traça (f)	蛾	é
barata (f)	蟑螂	zhāng láng
carrapato (m)	壁虱	bì shī
pulga (f)	跳蚤	tiào zao
borrachudo (m)	蠓	měng
gafanhoto (m)	蝗虫	huáng chóng
caracol (m)	蜗牛	wō niú

grilo (m)	蟋蟀	xī shuài
pirilampo, vaga-lume (m)	萤火虫	yíng huǒ chóng
joaninha (f)	瓢虫	piáo chóng
besouro (m)	大傈鳃角金龟	dà lì sāi jiǎo jīn guī
sanguessuga (f)	水蛭	shuǐ zhì
lagarta (f)	毛虫	máo chóng
minhoca (f)	虫，蠕虫	chóng, rú chóng
larva (f)	幼虫	yòu chóng

184. Animais. Partes do corpo

bico (m)	鸟嘴	niǎo zuǐ
asas (f pl)	翼，翅膀	yì, chì bǎng
pata (f)	爪	zhuǎ
plumagem (f)	羽毛	yǔ máo
pena, pluma (f)	羽	yǔ
crista (f)	鸟冠	niǎo guān
brânquias, guelras (f pl)	鳃	sāi
ovas (f pl)	卵，卵块	luǎn, luǎn kuài
larva (f)	幼虫	yòu chóng
barbatana (f)	鳍，鱼翅	qí, yú chì
escama (f)	鳞片	lín piàn
presa (f)	犬牙	quǎn yá
pata (f)	爪，脚掌	zhuǎ, jiǎo zhǎng
focinho (m)	口鼻部	kǒu bí bù
boca (f)	嘴	zuǐ
cauda (f), rabo (m)	尾巴	wěi ba
bigodes (m pl)	胡须	hú xū
casco (m)	蹄	tí
corno (m)	角	jiǎo
carapaça (f)	背甲	bèi jiǎ
concha (f)	贝壳	bèi ké
casca (f) de ovo	壳	ké
pelo (m)	毛	máo
pele (f), couro (m)	兽皮	shòu pí

185. Animais. Habitats

hábitat (m)	生境	shēng jìng
migração (f)	迁徙	qiān xǐ
montanha (f)	山	shān
recife (m)	礁	jiāo
falésia (f)	悬崖	xuán yá
floresta (f)	森林，树林	sēn lín, shù lín
selva (f)	热带丛林	rèdài cóng lín

| savana (f) | 热带草原 | rèdài cǎo yuán |
| tundra (f) | 苔原 | tái yuán |

estepe (f)	草原	cǎo yuán
deserto (m)	沙漠	shā mò
oásis (m)	绿洲	lǜ zhōu

mar (m)	海，大海	hǎi, dà hǎi
lago (m)	湖	hú
oceano (m)	海洋，大海	hǎi yáng, dà hǎi

pântano (m)	沼泽	zhǎo zé
de água doce	淡水的	dàn shuǐ de
lagoa (f)	池塘	chí táng
rio (m)	河，江	hé, jiāng

toca (f) do urso	熊窝	xióng wō
ninho (m)	鸟窝	niǎo wō
buraco (m) de árvore	树洞	shù dòng
toca (f)	洞穴，兽穴	dòng xué, shòu xué
formigueiro (m)	蚁丘	yǐ qiū

Flora

186. Árvores

árvore (f)	树，乔木	shù, qiáo mù
decídua (adj)	每年落叶的	měi nián luò yè de
conífera (adj)	针叶树	zhēn yè shù
perene (adj)	常绿树	cháng lǜ shù
macieira (f)	苹果树	píngguǒ shù
pereira (f)	梨树	lí shù
cerejeira (f)	欧洲甜樱桃树	oūzhōu tián yīngtáo shù
ginjeira (f)	樱桃树	yīngtáo shù
ameixeira (f)	李树	lǐ shù
bétula (f)	白桦，桦树	bái huà, huà shù
carvalho (m)	橡树	xiàng shù
tília (f)	椴树	duàn shù
choupo-tremedor (m)	山杨	shān yáng
bordo (m)	枫树	fēng shù
espruce (m)	枞树，杉树	cōng shù, shān shù
pinheiro (m)	松树	sōng shù
alerce, lariço (m)	落叶松	luò yè sōng
abeto (m)	冷杉	lěng shān
cedro (m)	雪松	xuě sōng
choupo, álamo (m)	杨	yáng
tramazeira (f)	花楸	huā qiū
salgueiro (m)	柳树	liǔ shù
amieiro (m)	赤杨	chì yáng
faia (f)	山毛榉	shān máo jǔ
ulmeiro, olmo (m)	榆树	yú shù
freixo (m)	白腊树	bái là shù
castanheiro (m)	栗树	lì shù
magnólia (f)	木兰	mù lán
palmeira (f)	棕榈树	zōng lǘ shù
cipreste (m)	柏树	bǎi shù
embondeiro, baobá (m)	猴面包树	hóu miàn bāo shù
eucalipto (m)	桉树	ān shù
sequoia (f)	红杉	hóng shān

187. Arbustos

arbusto (m)	灌木	guàn mù
arbusto (m), moita (f)	灌木	guàn mù

videira (f)	葡萄	pú tao
vinhedo (m)	葡萄园	pú táo yuán
framboeseira (f)	悬钩栗	xuán gōu lì
groselheira-vermelha (f)	红醋栗	hóng cù lì
groselheira (f) espinhosa	醋栗	cù lì
acácia (f)	金合欢	jīn hé huān
bérberis (f)	小檗	xiǎo bò
jasmim (m)	茉莉	mò li
junípero (m)	刺柏	cì bǎi
roseira (f)	玫瑰丛	méi guī cóng
roseira (f) brava	犬蔷薇	quǎn qiáng wēi

188. Cogumelos

cogumelo (m)	蘑菇	mógu
cogumelo (m) comestível	可食的蘑菇	kěshíde mógu
cogumelo (m) venenoso	毒蘑菇	dú mógu
chapéu (m)	蘑菇伞	mógu sǎn
pé, caule (m)	菇脚	gū jiǎo
boleto, porcino (m)	美味牛肝菌	měi wèi niú gān jūn
boleto (m) alaranjado	橙盖牛肝菌	chéng gài niú gān jūn
boleto (m) de bétula	褐疣柄牛肝菌	hè yóu bǐng niú gān jūn
cantarelo (m)	鸡油菌	jī yóu jūn
rússula (f)	红菇	hóng gū
morchella (f)	羊肚菌	yáng dǔ jùn
agário-das-moscas (m)	蛤蟆菌	há má jùn
cicuta (f) verde	毒蕈	dú xùn

189. Frutos. Bagas

maçã (f)	苹果	píng guǒ
pera (f)	梨	lí
ameixa (f)	李子	lǐ zi
morango (m)	草莓	cǎo méi
ginja (f)	樱桃	yīngtáo
cereja (f)	欧洲甜樱桃	oūzhōu tián yīngtáo
uva (f)	葡萄	pú tao
framboesa (f)	覆盆子	fù pén zi
groselha (f) negra	黑醋栗	hēi cù lì
groselha (f) vermelha	红醋栗	hóng cù lì
groselha (f) espinhosa	醋栗	cù lì
oxicoco (m)	小红莓	xiǎo hóng méi
laranja (f)	橙子	chén zi
tangerina (f)	橘子	jú zi

abacaxi (m)	菠萝	bō luó
banana (f)	香蕉	xiāng jiāo
tâmara (f)	海枣	hǎi zǎo
limão (m)	柠檬	níng méng
damasco (m)	杏子	xìng zi
pêssego (m)	桃子	táo zi
quiuí (m)	猕猴桃	mí hóu táo
toranja (f)	葡萄柚	pú tao yòu
baga (f)	浆果	jiāng guǒ
bagas (f pl)	浆果	jiāng guǒ
arando (m) vermelho	越橘	yuè jú
morango-silvestre (m)	草莓	cǎo méi
mirtilo (m)	越橘	yuè jú

190. Flores. Plantas

flor (f)	花	huā
buquê (m) de flores	花束	huā shù
rosa (f)	玫瑰	méi guī
tulipa (f)	郁金香	yù jīn xiāng
cravo (m)	康乃馨	kāng nǎi xīn
gladíolo (m)	唐菖蒲	táng chāng pú
centáurea (f)	矢车菊	shǐ chē jú
campainha (f)	风铃草	fēng líng cǎo
dente-de-leão (m)	蒲公英	pú gōng yīng
camomila (f)	甘菊	gān jú
aloé (m)	芦荟	lúhuì
cacto (m)	仙人掌	xiān rén zhǎng
fícus (m)	橡胶树	xiàng jiāo shù
lírio (m)	百合花	bǎi hé huā
gerânio (m)	天竺葵	tiān zhú kuí
jacinto (m)	风信子	fēng xìn zǐ
mimosa (f)	含羞草	hán xiū cǎo
narciso (m)	水仙	shuǐ xiān
capuchinha (f)	旱金莲	hàn jīn lián
orquídea (f)	兰花	lán huā
peônia (f)	芍药	sháo yao
violeta (f)	紫罗兰	zǐ luó lán
amor-perfeito (m)	三色堇	sān sè jǐn
não-me-esqueças (m)	勿忘草	wù wàng cǎo
margarida (f)	雏菊	chú jú
papoula (f)	罂粟	yīng sù
cânhamo (m)	大麻	dà má
hortelã, menta (f)	薄荷	bó hé

lírio-do-vale (m)	铃兰	líng lán
campânula-branca (f)	雪花莲	xuě huā lián
urtiga (f)	荨麻	qián má
azedinha (f)	酸模	suān mó
nenúfar (m)	睡莲	shuì lián
samambaia (f)	蕨	jué
líquen (m)	地衣	dì yī
estufa (f)	温室	wēn shì
gramado (m)	草坪	cǎo píng
canteiro (m) de flores	花坛，花圃	huā tán, huā pǔ
planta (f)	植物	zhí wù
grama (f)	草	cǎo
folha (f) de grama	叶片	yè piàn
folha (f)	叶子	yè zi
pétala (f)	花瓣	huā bàn
talo (m)	茎	jīng
tubérculo (m)	块茎	kuài jīng
broto, rebento (m)	芽	yá
espinho (m)	刺	cì
florescer (vi)	开花	kāi huā
murchar (vi)	枯萎	kū wěi
cheiro (m)	香味	xiāng wèi
cortar (flores)	切	qiē
colher (uma flor)	采，摘	cǎi, zhāi

191. Cereais, grãos

grão (m)	谷物	gǔ wù
cereais (plantas)	谷类作物	gǔ lèi zuò wù
espiga (f)	穗	suì
trigo (m)	小麦	xiǎo mài
centeio (m)	黑麦	hēi mài
aveia (f)	燕麦	yàn mài
painço (m)	粟，小米	sù, xiǎo mǐ
cevada (f)	大麦	dàmài
milho (m)	玉米	yù mǐ
arroz (m)	稻米	dào mǐ
trigo-sarraceno (m)	荞麦	qiáo mài
ervilha (f)	豌豆	wān dòu
feijão (m) roxo	四季豆	sì jì dòu
soja (f)	黄豆	huáng dòu
lentilha (f)	兵豆	bīng dòu
feijão (m)	豆子	dòu zi

GEOGRAFIA REGIONAL

Países. Nacionalidades

192. Política. Governo. Parte 1

política (f)	政治	zhèng zhì
político (adj)	政治的	zhèng zhì de
político (m)	政治家	zhèng zhì jiā
estado (m)	国家	guó jiā
cidadão (m)	公民	gōng mín
cidadania (f)	国籍	guó jí
brasão (m) de armas	国徽	guó huī
hino (m) nacional	国歌	guó gē
governo (m)	政府	zhèng fǔ
Chefe (m) de Estado	国家元首	guó jiā yuán shǒu
parlamento (m)	国会	guó huì
partido (m)	党	dǎng
capitalismo (m)	资本主义	zīběn zhǔyì
capitalista (adj)	资本主义的	zīběn zhǔyìde
socialismo (m)	社会主义	shèhuì zhǔyì
socialista (adj)	社会主义的	shèhuì zhǔyìde
comunismo (m)	共产主义	gòngchǎn zhǔyì
comunista (adj)	共产主义的	gòngchǎn zhǔyì de
comunista (m)	共产主义者	gòngchǎn zhǔyì zhě
democracia (f)	民主	mínzhǔ
democrata (m)	民主党人	mínzhǔ dǎng rén
democrático (adj)	民主的	mínzhǔ de
Partido (m) Democrático	民主党	mínzhǔ dǎng
liberal (m)	自由主义者	zìyóu zhǔyì zhě
liberal (adj)	自由主义的	zìyóu zhǔyì de
conservador (m)	保守派人	bǎoshǒu de rén
conservador (adj)	保守派	bǎoshǒu de
república (f)	共和国	gònghé guó
republicano (m)	共和党人	gònghé dǎng rén
Partido (m) Republicano	共和党	gònghé dǎng
eleições (f pl)	选举	xuǎnjǔ
eleger (vt)	选举	xuǎnjǔ

| eleitor (m) | 选举人 | xuǎnjǔ rén |
| campanha (f) eleitoral | 选举运动 | xuǎnjǔ yùndòng |

votação (f)	投票	tóu piào
votar (vi)	投票	tóu piào
sufrágio (m)	投票权	tóupiào quán

candidato (m)	候选人	hòuxuǎnrén
candidatar-se (vi)	作候选人	zuò hòuxuǎnrén
campanha (f)	运动	yùn dòng

| da oposição | 反对党的 | fǎn duì dǎng de |
| oposição (f) | 反对党 | fǎn duì dǎng |

visita (f)	访问	fǎng wèn
visita (f) oficial	正式访问	zhèng shì fǎng wèn
internacional (adj)	国际的	guó jì de

| negociações (f pl) | 谈判 | tánpàn |
| negociar (vi) | 进行谈判 | jìnxíng tánpàn |

193. Política. Governo. Parte 2

sociedade (f)	社会	shè huì
constituição (f)	宪法	xiàn fǎ
poder (ir para o ~)	政权	zhèng quán
corrupção (f)	贪污	tān wū

| lei (f) | 法律 | fǎ lǜ |
| legal (adj) | 合法的 | hé fǎ de |

| justeza (f) | 公正 | gōng zhèng |
| justo (adj) | 公正的 | gōng zhèng de |

comitê (m)	委员会	wěi yuán huì
projeto-lei (m)	法案	fǎ àn
orçamento (m)	预算	yù suàn
política (f)	政策	zhèng cè
reforma (f)	改革	gǎi gé
radical (adj)	激进的	jī jìn de

força (f)	力，力量	lì, lì liang
poderoso (adj)	有权势的	yǒu quán shì de
partidário (m)	支持者	zhī chí zhě
influência (f)	影响	yǐng xiǎng

regime (m)	政权	zhèng quán
conflito (m)	冲突	chōng tū
conspiração (f)	阴谋	yīn móu
provocação (f)	挑衅，挑拨	tiǎo xìn, tiǎo bō

derrubar (vt)	推翻	tuī fān
derrube (m), queda (f)	推翻	tuī fān
revolução (f)	革命	gé mìng

| golpe (m) de Estado | 政变 | zhèng biàn |
| golpe (m) militar | 军事政变 | jūn shì zhèng biàn |

crise (f)	危机	wēi jī
recessão (f) econômica	经济衰退	jīng jì shuāi tuì
manifestante (m)	示威者	shì wēi zhě
manifestação (f)	示威	shì wēi
lei (f) marcial	军方管制	jūn fāng guǎn zhì
base (f) militar	军事基地	jūn shì jī dì

| estabilidade (f) | 稳定 | wěn dìng |
| estável (adj) | 稳定的 | wěn dìng de |

| exploração (f) | 剥削 | bō xuē |
| explorar (vt) | 剥削 | bō xuē |

racismo (m)	种族主义	zhǒngzú zhǔ yì
racista (m)	种族主义者	zhǒngzú zhǔ yì zhě
fascismo (m)	法西斯主义	fǎxīsī zhǔ yì
fascista (m)	法西斯分子	fǎ xī sī fèn zǐ

194. Países. Diversos

estrangeiro (m)	外国人	wài guó rén
estrangeiro (adj)	外国的	wài guó de
no estrangeiro	国外	guó wài

emigrante (m)	移民	yí mín
emigração (f)	迁移出境	qiān yí chū jìng
emigrar (vi)	移居国外	yí jū guó wài

Ocidente (m)	西方	xī fāng
Oriente (m)	东方	dōng fāng
Extremo Oriente (m)	远东	yuǎn dōng

civilização (f)	文明	wén míng
humanidade (f)	人类	rén lèi
mundo (m)	世界	shì jiè
paz (f)	和平	hé píng
mundial (adj)	全世界的	quán shì jiè de

pátria (f)	祖国	zǔ guó
povo (população)	民族	mín zú
população (f)	人口	rén kǒu
gente (f)	人们	rén men
nação (f)	民族	mín zú
geração (f)	一代人	yī dài rén

território (m)	领土	lǐng tǔ
região (f)	区域	qū yù
estado (m)	州	zhōu

| tradição (f) | 传统 | chuán tǒng |
| costume (m) | 风俗 | fēng sú |

ecologia (f)	生态学	shēng tài xué
índio (m)	印第安人	yìndìān rén
cigano (m)	吉普赛人	jípǔsài rén
cigana (f)	吉普赛人	jípǔsài rén
cigano (adj)	吉普赛人的	jípǔsài rén de
império (m)	帝国	dì guó
colônia (f)	殖民地	zhí mín dì
escravidão (f)	奴隶制	nú lì zhì
invasão (f)	侵略	qīn lüè
fome (f)	饥荒	jī huāng

195. Grupos religiosos mais importantes. Confissões

religião (f)	宗教	zōng jiào
religioso (adj)	宗教的	zōng jiào de
crença (f)	信仰	xìn yǎng
crer (vt)	信教	xìn jiào
crente (m)	信徒	xìntú
ateísmo (m)	无神论	wú shén lùn
ateu (m)	无神论者	wú shén lùn zhě
cristianismo (m)	基督教	jīdū jiào
cristão (m)	基督徒	jīdū tú
cristão (adj)	基督教的	jīdū jiào de
catolicismo (m)	天主教	tiān zhǔ jiào
católico (m)	天主教徒	tiān zhǔ jiào tú
católico (adj)	天主教的	tiān zhǔ jiào de
protestantismo (m)	新教	xīn jiào
Igreja (f) Protestante	新教会	xīn jiào huì
protestante (m)	新教徒	xīn jiào tú
ortodoxia (f)	东正教	dōng zhèng jiào
Igreja (f) Ortodoxa	东正教教堂	dōng zhèng jiào jiàotáng
ortodoxo (m)	东正教的	dōng zhèng jiào de
presbiterianismo (m)	长老会	zhǎng lǎo huì
Igreja (f) Presbiteriana	长老会	zhǎng lǎo huì
presbiteriano (m)	长老会教徒	zhǎng lǎo huì jiàotú
luteranismo (m)	路德会	lù dé huì
luterano (m)	路德会教友	lù dé huì jiào yǒu
Igreja (f) Batista	浸礼会	jìn lǐ huì
batista (m)	浸礼会教友	jìn lǐ huì jiào yǒu
Igreja (f) Anglicana	圣公会	shèng gōng huì
anglicano (m)	圣公会信徒	shèng gōng huì xìn tú
mormonismo (m)	摩门教	mómén jiào
mórmon (m)	摩门教徒	mómén jiào tú

Judaísmo (m)	犹太教	yóu tài jiào
judeu (m)	犹太教徒	yóu tài jiào tú
budismo (m)	佛教	fójiào
budista (m)	佛教徒	fójiào tú
hinduísmo (m)	印度教	yìndù jiào
hindu (m)	印度教徒	yìndù jiào tú
Islã (m)	伊斯兰教	yīsīlán jiào
muçulmano (m)	穆斯林	mùsīlín
muçulmano (adj)	穆斯林的	mùsīlín de
xiismo (m)	什叶派	shíyèpài
xiita (m)	什叶派	shíyèpài
sunismo (m)	逊尼派	xùnnípài
sunita (m)	逊尼派	xùnnípài

196. Religiões. Padres

padre (m)	神父	shén fù
Papa (m)	教皇	jiào huáng
monge (m)	僧侣，修道士	sēng lǚ, xiū dào shì
freira (f)	修女	xiū nǚ
pastor (m)	牧师	mù shī
abade (m)	男修道院院长	nán xiūdàoyuàn yuànzhǎng
vigário (m)	教区牧师	jiào qū mù shī
bispo (m)	主教	zhǔ jiào
cardeal (m)	红衣主教	hóng yī zhǔ jiào
pregador (m)	传教士	chuán jiào shì
sermão (m)	布道	bù dào
paroquianos (pl)	教区居民	jiào qū jū mín
crente (m)	信徒	xìntú
ateu (m)	无神论者	wú shén lùn zhě

197. Fé. Cristianismo. Islão

Adão	亚当	yà dāng
Eva	夏娃	xià wá
Deus (m)	上帝	shàng dì
Senhor (m)	上帝	shàng dì
Todo Poderoso (m)	上帝	shàng dì
pecado (m)	罪	zuì
pecar (vi)	犯罪	fàn zuì
pecador (m)	罪人	zuì rén

pecadora (f)	罪人	zuì rén
inferno (m)	地狱	dì yù
paraíso (m)	天堂	tiān táng
Jesus	耶稣	yēsū
Jesus Cristo	耶稣基督	yēsū jīdū
Espírito (m) Santo	圣灵	shèng líng
Salvador (m)	救世主	jiù shì zhǔ
Virgem Maria (f)	圣母	shèng mǔ
Diabo (m)	魔鬼	mó guǐ
diabólico (adj)	魔鬼的	mó guǐ de
Satanás (m)	撒旦	sā dàn
satânico (adj)	撒旦的	sā dàn de
anjo (m)	天使	tiān shǐ
anjo (m) da guarda	守护天使	shǒu hù tiān shǐ
angelical	天使的	tiān shǐ de
apóstolo (m)	使徒	shǐ tú
arcanjo (m)	天使长	tiān shǐzhǎng
anticristo (m)	敌基督	dí jī dū
Igreja (f)	教会	jiào huì
Bíblia (f)	圣经	shèng jīng
bíblico (adj)	圣经的	shèng jīng de
Velho Testamento (m)	旧约全书	jiù yuē quán shū
Novo Testamento (m)	新约全书	xīn yuē quán shū
Evangelho (m)	福音书	fú yīn shū
Sagradas Escrituras (f pl)	圣经	shèng jīng
Céu (sete céus)	天堂	tiān táng
mandamento (m)	诫	jiè
profeta (m)	先知	xiān zhī
profecia (f)	预言	yù yán
Alá (m)	真主	zhēnzhǔ
Maomé (m)	穆罕默德	mùhǎnmòdé
Alcorão (m)	古兰经	gǔlánjīng
mesquita (f)	清真寺	qīng zhēn sì
mulá (m)	毛拉	máo lā
oração (f)	祈祷文	qí dǎo wén
rezar, orar (vi)	祈祷	qí dǎo
peregrinação (f)	朝圣	cháo shèng
peregrino (m)	朝圣者	cháo shèng zhě
Meca (f)	麦加	màijiā
igreja (f)	教会	jiào huì
templo (m)	庙宇，教堂	miào yǔ, jiào táng
catedral (f)	大教堂	dà jiào táng
gótico (adj)	哥特式的	gē tè shì de
sinagoga (f)	犹太教堂	yóu tài jiào táng

mesquita (f)	清真寺	qīng zhēn sì
capela (f)	小教堂	xiǎo jiào táng
abadia (f)	修道院	xiū dào yuàn
convento (m)	女修道院	nǚ xiū dào yuàn
monastério (m)	男修道院	nán xiū dào yuàn

sino (m)	钟	zhōng
campanário (m)	钟楼	zhōng lóu
repicar (vi)	响	xiǎng

cruz (f)	十字架	shí zì jià
cúpula (f)	圆顶	yuán dǐng
ícone (m)	圣像	shèng xiàng

alma (f)	灵魂	líng hún
destino (m)	命运	mìng yùn
mal (m)	恶	è
bem (m)	美德	měi dé

vampiro (m)	吸血鬼	xī xuè guǐ
bruxa (f)	巫婆	wū pó
demônio (m)	魔鬼	mó guǐ
espírito (m)	鬼魂，幽灵	guǐ hún, yōu líng

| redenção (f) | 赎罪 | shú zuì |
| redimir (vt) | 拯救 | zhěng jiù |

missa (f)	礼拜	lǐ bài
celebrar a missa	作礼拜	zuò lǐ bài
confissão (f)	忏悔	chàn huǐ
confessar-se (vr)	忏悔	chàn huǐ

santo (m)	圣徒	shèng tú
sagrado (adj)	神圣的	shén shèng de
água (f) benta	圣水	shèng shuǐ

ritual (m)	仪式	yí shì
ritual (adj)	仪式的	yí shì de
sacrifício (m)	祭品	jì pǐn

superstição (f)	迷信	mí xìn
supersticioso (adj)	迷信的	mí xìn de
vida (f) após a morte	来世，来生	lái shì, lái shēng
vida (f) eterna	永生	yǒng shēng

TEMAS DIVERSOS

198. Várias palavras úteis

ajuda (f)	帮助	bāng zhù
barreira (f)	障碍	zhàng ài
base (f)	基础	jī chǔ
categoria (f)	类别	lèi bié
causa (f)	原因	yuán yīn
coincidência (f)	巧合	qiǎo hé
coisa (f)	东西	dōng xi
começo, início (m)	起点	qǐ diǎn
cômodo (ex. poltrona ~a)	舒适的	shū shì de
comparação (f)	比较	bǐ jiào
compensação (f)	补偿	bǔ cháng
crescimento (m)	生长	shēng zhǎng
desenvolvimento (m)	发展	fā zhǎn
diferença (f)	差别	chā bié
efeito (m)	结果	jié guǒ
elemento (m)	要素	yào sù
equilíbrio (m)	平衡	píng héng
erro (m)	错误	cuò wù
esforço (m)	努力	nǔ lì
estilo (m)	风格	fēng gé
exemplo (m)	例子	lì zi
fato (m)	事实	shì shí
fim (m)	终点	zhōng diǎn
forma (f)	形状	xíng zhuàng
frequente (adj)	频繁的	pín fán de
fundo (ex. ~ verde)	背景	bèi jǐng
gênero (tipo)	种类	zhǒng lèi
grau (m)	程度	chéng dù
ideal (m)	理想	lǐ xiǎng
labirinto (m)	迷宫	mí gōng
modo (m)	方法	fāng fǎ
momento (m)	时刻	shí kè
objeto (m)	物体	wù tǐ
obstáculo (m)	障碍物	zhàng ài wù
original (m)	原作	yuán zuò
padrão (adj)	标准的	biāo zhǔn de
padrão (m)	标准	biāo zhǔn
paragem (pausa)	停顿	tíng dùn
parte (f)	部分	bù fèn

partícula (f)	微粒	wēi lì
pausa (f)	停顿	tíng dùn
posição (f)	位置	wèi shi
princípio (m)	原则	yuán zé
problema (m)	问题	wèn tí
processo (m)	过程	guò chéng
progresso (m)	进步	jìn bù
propriedade (qualidade)	性质	xìng zhì
reação (f)	反映	fǎn yìng
risco (m)	冒险	mào xiǎn
ritmo (m)	速度	sù dù
segredo (m)	秘密	mì mì
série (f)	系列	xì liè
sistema (m)	系统	xì tǒng
situação (f)	情况	qíng kuàng
solução (f)	解决办运	jiě jué bàn fǎ
tabela (f)	表格	biǎo gé
termo (ex. ~ técnico)	术语	shù yǔ
tipo (m)	类型	lèi xíng
urgente (adj)	紧急的	jǐn jí de
urgentemente	紧急地	jǐn jí de
utilidade (f)	益处	yì chù
variante (f)	变体	biàn tǐ
variedade (f)	选择	xuǎn zé
verdade (f)	真理	zhēn lǐ
vez (f)	轮到	lún dào
zona (f)	地区	dì qū

www.ingramcontent.com/pod-product-compliance
Lightning Source LLC
Chambersburg PA
CBHW071342090426
42738CB00012B/2978